实践技能课程系列教材

形体训练实训教程

主　编◇韩福丽
副主编◇李梦莹　王海荣　唐　敏

北京大学出版社
PEKING UNIVERSITY PRESS
黑龍江大學出版社
HEILONGJIANG UNIVERSITY PRESS

图书在版编目（CIP）数据

形体训练实训教程 / 韩福丽主编. -- 哈尔滨 : 黑龙江大学出版社 ; 北京 : 北京大学出版社, 2019.4(2021.8重印)
ISBN 978-7-5686-0219-8

Ⅰ. ①形… Ⅱ. ①韩… Ⅲ. ①形体－健身运动－教材 ②身体训练－教材 Ⅳ. ①G831.3 ②G808.14

中国版本图书馆CIP数据核字（2018）第107059号

形体训练实训教程
XINGTI XUNLIAN SHIXUN JIAOCHENG
韩福丽　主编　李梦莹　王海荣　唐　敏　副主编

责任编辑　杨琳琳　杨　洋
出版发行　北京大学出版社　黑龙江大学出版社
地　　址　北京市海淀区成府路205号　哈尔滨市南岗区学府三道街36号
印　　刷　哈尔滨市石桥印务有限公司
开　　本　787毫米×1092毫米　1/16
印　　张　10.5
字　　数　212千
版　　次　2019年4月第1版
印　　次　2021年8月第3次印刷
书　　号　ISBN 978-7-5686-0219-8
定　　价　28.00元

前　言

形体训练实训课程是旅游管理专业、航空服务专业的专业课程，课程的教学目标是让学生掌握形体训练的基本知识和技能，使学生姿态和形体标准化。目前，市面上关于旅游管理、航空服务专业的形体训练实训教材倾向于以专业舞蹈者和空乘人员的标准来培养学生，但旅游管理、航空服务专业的大部分学生并不具备专业舞蹈者、空乘人员的基本身体条件；因此，本实训教材降低实训难度，着重培养学生良好的外在形象与气质，提高学生毕业后从事旅游、酒店、地勤等方面工作时的服务质量和客户满意度。作为旅游管理、航空服务专业的专业教师，我们将大学生的身体特点及形体美的特点作为依据，借鉴中外形体训练教学的方法和内容，同时结合多年来积累的教学实践经验，注重将知识与能力、兴趣与爱好、理论与实践三者有机结合起来，重新确立了形体训练的教学内容体系。大部分旅游管理、航空服务专业的学生没有任何舞蹈基础，可以说是零基础，因此我们需要一本可操作性强、难度系数较低，同时又能满足应用型本科院校教学体系和教学目标的实用性教材。为了加强和完善形体训练实训课程的建设，促进形体训练实训课程教育质量和教学水平的进一步提高，更好地适应社会对服务型人才的需求，我们编写了《形体训练实训教程》一书。

我们已经建设了专业形体实训室，学生在专业形体实训室内可以借助专业的形体器械进行力度延伸等综合性训练，舒展身体的线条，由内而外表现出高雅气质。从课堂效果上来看，形体训练实训课程很受同学们的欢迎。通过在形体训练实训课堂上的训练，学生能够克服身体的不良体态，获得正确的直立感，提高自身协调性、灵活性、节奏感，加强身体的软度、力度、开度，明确良好的外在形态与气质在服务行业及服务工作过程中发挥的重要作用，掌握良好的身体形态，全面提高自身形态和气质，提升审美和品位，以适应现代社会对高素质型人才的基本需求。学生在学习中掌握形体训练的基本知识，改善自己的形体和精神气质，该训练起到了良好的美育效果。随着社会文明的发展，越来越多的人认识到，形体教育不仅能增强人的身体机能，使之健康发展，而且能改变人的形体姿态，陶冶人的思想情操，丰富人的想象力和创造力。

本教材在总结多年教学活动的基础上，遵循形体训练实训课程建设的客观规律，顺应素质教育发展的趋势，符合人才培养方案的要求。教材的总体结构按学生的认知规律和由浅入深的原则设置，层次清楚，图文并茂，内容丰富，注重知识性、科学性、实践性的原则。

本教材内容共分九章：第一章为概述，主要讲述了形体训练的概念、目的与要求、特点与训练原则等；第二章为身体各部位动作训练，包括身体各部位放松练习等；第三章为基本素质训练，主要强化形体的塑造；第四章为基本技能训练，注重身体各种能力的提高；第五章为基本形体训练，力求达到美的综合表现；第六章为基本气质训练，让人的举止美观、优雅；第七章为日常生活中的锻炼方法，贴近生活；第八章为常见异常形体姿态的矫正，更具有规范性；第九章为空乘人员仪态与行为训练。第二章至第九章以实训为主，本教材注重技巧性和实践性，附有动作插图，使学生从主观和意识形态上全面掌握形体艺术教学的相关知识与技能。

本书共21.2万字，具体编写分工：韩福丽主编，李梦莹、王海荣、唐敏副主编。

在教材编写过程中，得到了有关方面和师生的大力帮助，在此一并表示感谢！在编写过程中我们参考了众多的专业书籍，在此特向有关作者致以诚挚的谢意。由于水平所限、时间仓促，在编写过程中难免存在着不足与错误，真诚地期待各位专家、教师、读者的批评指正。

编　者

2018年6月

目　　录

第一章 概 述

第一节 形体训练的概念

形体训练是航空服务等专业学生的一门重要的专业必修课程。所谓形体，从字面意义上讲，是指人体的外观形态；从理论上讲，是指人在先天遗传和后天获得的基础上所表现出来的身体外观形态上相对稳定的表象特征。它重点体现在外部特征的优劣和差异方面。从遗传学的角度来讲，人的先天条件对形体有着非常重要的作用和影响，同时，后天的生活条件、环境以及科学、专业、系统的训练与形体又有着密切的关系。男子形体和女子形体有着性别上的显著差别。男子形体的特征是肌肉发达匀称，肌肉线条、轮廓清晰，四肢刚健有力，上身呈倒三角形，具有阳刚之美；女子形体的特征是身体线条清晰，体态匀称，肌肉圆滑、弹性好，并能充分体现女性所特有的曲线美。

什么是形体美？形体美是人的本质力量在身体活动这个特定领域中的感性显现。它反映的是人与人自身及运动的审美关系。形体美以人为审美对象，以人体活动和人体运动为主要塑造手段，因此，形体美是人的本质力量在自身的直接展示、直接确证和实现。具体而言，形体美就是人身体的曲线美，是指人的身体线条结合人的情感和品性，并通过形态、体态展现在观赏者眼前的一种美。形体美是由视觉器官所感知的空间性的美，其特点是感知身体外部轮廓通过运动所构成的具有广度和厚度的空间形体。点动成线、线动成面、面动成体。

形体美有物的形体美和人的形体美之分：物的形体美乃属外表之美，而人的形体美则是人的外表美与心灵美的有机契合，是人体由内向外散发出来的美。真正的美乃形体美与精神美的高度融合。因此，形体美不仅要展现人的体形美、姿态美和动作美，还要充分展现人的精神美。形体美是人体的一种自然的美，比较集中地表现在人体的比例均衡、对称、和谐等形式上。女性以柔和的生理曲线为美，男性则以强壮和威严的体形为美。每个人都希望通过科学、系统的训练塑造出匀称、协调、健美的体形，这也是人们不断追求的形体美的目标。姿态是指人在静止状态和运动状态所表现出来的身体姿势和举止神情。姿态美是指人体在空间运动和变化的动作形式。动作美是运动中人的健康能力、器官系统机能、表现能力和精神面貌的体现，是形体美的一种表现形式，它的美不仅来源于各种舞蹈和体育运动中，还来源于人们日常生活和工作中的动作美。

英国著名的哲学家培根说："相貌的美高于色泽的美，而秀雅合适的动作美又高于相貌的美，这是美的精华。"动作是形体美的核心部分。相对完美的体形和正确的身体姿态可以有效地促进人体的正常发育和人体外形的相对完美，也在某种程度上反映出一个人的精神面貌和气质。形体训练是指练习者通过对形体的认知，运用科学的健身理念和方法，以身体练习为手段，以增进健康、增强体质、塑造体态、培养姿态、陶冶情操、提升气质、增添魅力为目的，不断坚持的有目的、有计划、有组织的过程。

航空服务形体训练，是将身体练习作为基本手段，有目的且有意识地通过科学、专业、系统的训练内容和方法，按照形体美的客观标准和要求，结合受训者的实际情况所进行的身体训练。它是改变练习者原始的自然姿态，从而达到和谐发展人体，塑造和改善人体的形态机制，培养正确、优美的身体形态和规范、标准的身体动作姿态，增强体质，促进人体形态向着更加完善、更加优美的方向发展的一种身体的练习活动方法。

第二节　形体训练的目的与要求

大学开设形体训练课的目的是引导学生按照美的规律塑造自己，促进身心协调、健康发展，提高审美能力和美的表现力，增强对生活的热爱和自信心，为走向社会、参与竞争、显露才华创造身体条件。

为了实现这个总目的，学生应从以下几个方面去要求自己。

一、形体训练使身心健美，应强化审美意识

马克思主义的美学观点强调：人类的美兼容了身体健美、精神丰富和道德纯洁。其中健美的身体是美的主要载体。人的身体是有生命和情感的活体，健美意味着生命的延续和情感的发展，意味着无穷尽的美好追求与创造，是推动和创造社会的动力。在现代社会中，热爱美、追求美是人们共同的愿望，更是现代人们生活的一大特点。只有具备了健美的身体，才能参与社会的竞争和强化自身的创造能力。

身体的健与美是密不可分的，健是美的前提和基础，美是健康身心的标志。美可分为内在美和外在美：内在美是指人的心灵美，即完美的精神世界和崇高的道德品质；外在美则是指人的外部形象，包括容貌、形体、服饰、发型等，其中人的形态美是主体，有了健美的体形和优雅的仪态，还要辅以装饰来完善外在美。人的整体美正是内在美和外在美和谐统一的表现。形体训练既培养和启发人的内在美感，又塑造人的外在美，促进和展现人的完美形象。这种美的形象是通过各种环境下的不同活动所表现出

的一种外部姿态和神韵。外在美有其相对独立性，有它独特的表现形式和规律，并非其他的物质载体所能代替。但在我们的现实生活中，不是所有的形体都是健美的，只有积极参与有规律而科学的形体训练，才能获得健美的形体，展现优雅的风度和魅力。美国著名的好莱坞女影星简·方达，由于长期坚持健身和形体练习，五十多岁时仍然保持着健美的体形、优雅的姿态，焕发着风采。所以说，形体训练不仅利用舞蹈、健美操舒展优美的动作训练了人体优美的姿态，而且也传扬了高尚的艺术精髓，培养了人的内涵品质，使人的精神美和形体美达到了统一，有助于提高练习者优雅的气质。同时，人们在改造自身的过程中，培养了自己的审美意识和审美能力。

大学生在健全、完善人格的大学生活中，通过学习和掌握形体训练的基本知识和技能，从而具备现代人的形体姿态和精神风貌。特别是处在20岁左右的大学生，正是青春发育的最佳时期，身体形态日趋成熟，男、女同学无论是身体素质，还是兴趣爱好和情感，都存在着明显的差异，因此，应根据其身心发展规律，有目的、有计划地进行有针对性的训练，使其身体各个部位发育良好，丰满匀称，改善自然形态中的不足。另一方面，形体训练应根据性别特征和专业特点，选择性地进行强化训练，提高生理机能水平。这样既使学生塑造了健美的体态，又培养了他们优雅文明的举止，且提高了身体的控制力和表现能力，培养了他们的审美意识，为将来走向社会、参与竞争创造了较好的条件。

二、应全面掌握形体训练的知识与技能，培养个性和能力

教育的核心是培养学生的创新思维和发展个性，而形体训练具有达到这一教育核心所需要的可贵的土壤和发展环境。因此，形体训练不仅是一个身体素质的训练，也是精神文明教育和美感教育的过程，它在全面调整、重塑学生身体形态的同时，也提高了学生的精神素养，促进了个性气质的形成。形体训练的基本动作简单，在优美音乐的伴奏下进行艺术动作和姿态练习，不容易感到疲倦。学生在轻松美好的环境中愉快地学习，会产生主动参与的愿望和学习兴趣，拓展思维空间和创造力，最终达到以健美的形体、优雅的姿态体现最佳的艺术素质的效果。

形体训练的目的是锻炼和塑造身体，按照自然美的形态，将集中提炼的动作元素与组合，分步骤、分阶段地教授给学生。其中，健美操艺术化是形体训练的特点之一，而音乐和舞蹈修养是健美操艺术化的具体表现。舞蹈是健美操的精髓，音乐是练习健美操的重要的辅助方法，优美的舞蹈和音乐修养有利于学生对健美操进行掌握。新的形体训练体系正是将两者有机地融合在一起，使学生在形体训练过程中感知触动心灵的音乐、飞舞轻盈的动姿，强化美的表现。集体组合艺术能提高学生的团结协作精神，展现人格魅力，达到表达自我、发展个性美感和塑造形体美的目的。但完美形态的获得要参与系统化、规范化的学习，发挥主观能动性，针对自身的弱点强化练习，这样才能收到好的效果。正如培根所说："美是令人倾慕的，但创造美的劳动都是艰辛的，甚

至是残酷的。"因此，全面进行形体训练应磨砺自己的意志，养成自觉练习的习惯，培养良好的个性与独立锻炼的能力，进而强化审美意识，发掘审美能力，塑造具有个性特质的形体美。

三、应进行美感教育，陶冶情操

美育是现代人自身建设的一个重要方面，也是学校培养德、智、体、美全面发展的一代新人的重要组成部分。它把一个人的社会性同生理性融合在心中，使人达到人生的最高境界。形体训练的过程是一种动态美的行为艺术培养过程，同时也是一种美的教育过程，以组织、美化和艺术加工的人体动作为主要训练手段，以求人自身的局部强化，进而达到整体完美。形体训练中的美将音乐美、动作美、姿态美等作为内容，旨在培育学生良好的审美观念及感受，增强鉴赏和创造美的能力，从而使学生注重自我美的塑造，使形体和情感达到美的和谐和统一。形体训练可以让人们逐渐感到身心合一、神形兼备。形体训练课程是一个有计划、有目的的教育过程，经常参与，能起到潜移默化的作用。因此，学生能够通过舞蹈艺术和健美学习，感受健康优美的体态，从而使自己陶醉其中；能够以真、善、美的艺术形态培养正确的审美观念；能够以健美的仪态去憧憬和追求美好事物及理想生活，达到自己的最终目标和社会理想；能够通过实践训练以体现自身的心灵理想与个人价值，以自身的完美形象去享受形态美、生活美带来的乐趣。

当代青年越来越注意自身的仪表美，而形体艺术在引导青年学生正确认识形体美以及培养风度气质方面起着很重要的作用。每一个学生都可以举步矫健、四肢舒展、身体挺拔、仪态大方，心中充满着无限的美感，这正是形体艺术存在的宗旨。形体实训课程是一个有机的整体，内容丰富且形式多样，内在联系比较强，能互相促进与深化，继而使课程得到提高。唯有进行全方位的形体艺术实训，不断学习，才能最终实现美育目标。

第三节　形体训练的特点与训练原则

一、形体训练的特点

（一）高度艺术性

形体训练以其独特的魅力有别于竞技性体操、艺术体操、健美操和舞蹈等艺术项目，它将多种有效的健身训练方式艺术化，使人们在训练中感受到人体运动的协调与流畅、舒缓与优美，体现身体姿态的造型美。此训练内容使航空服务人员形体及体能得到锻炼，也增强了体质，而且从中得到了美的享受，提高了艺术修养。因此，形体训练具有高度的艺术性。

(二)健康娱乐性

形体训练让人们在愉悦、轻松的气氛中强身健体、调节情绪、塑造形体、丰富业余生活。形体训练是一种结合了舞蹈、艺术体操、健身操、瑜伽、普拉提等内容的健身项目。这种有针对性、多种有效项目组合的健身方式,对传统、单一、程序化的体育锻炼方式来说是一种巨大的挑战。

(三)广泛适用性

形体训练形式的多样性为练习者提供了不同的练习内容与科学的健身方法。不同人群可以根据自己的年龄、身体基础、锻炼目的,选择适合自己的练习内容。每一个练习者在形体训练中都可以找到适合自己的锻炼方式,从中得到乐趣。

(四)锻炼时效性

形体训练是练习强度适中的有氧运动,长时间坚持学习能潜移默化地促进人体的心血管系统、呼吸系统和运动系统正常工作,从而实现身体健康的目的。在优美的音乐伴奏下,放松、自在、有效地进行训练,有利于消除疲劳,提升心理素质。有效的形体训练能消除体内多余脂肪,重塑健美体形。

二、形体训练的原则

众所周知,人只有在健康的基础上才会有优美的体形,健康可以通过各种体育锻炼来获得,但优美的体形则需进行专门的训练才能得到。

形体训练,既不同于打球、跑步、游泳等运动,也与舞蹈、竞技性体操等项目有所区别。它一方面能全方位锻炼身体,另一方面又可以有重点地塑造人体形态,培养良好的身体姿态,使练习者在掌握形体训练的基础知识、基本技能和基本技巧的同时,提高形体的美感,培养良好的气质,陶冶优美的情操,提高审美品位。因此在进行形体训练中,应遵循以下原则。

(一)全面锻炼身体的原则

形体训练的目的在于使全身的肌肉富有弹性、发展匀称,内脏器官机能旺盛。在选择形体训练的内容时,应坚持身体的全面锻炼,再注重加强身体不足部位的练习,才能达到形体训练的目的。因此,合理选择锻炼的内容,运用适当的锻炼方法,才能做到扬长避短、内外结合、身心一致。

(二)循序渐进的原则

参加形体训练要有相适宜的生理和心理承受力。训练的效果如何,很大程度上取决于运动的强度,太弱的刺激不能引起机体功能发生变化,过强的刺激不仅不能增强体质、改善体形,相反还会损害健康。身体素质由弱变强,体形由丑变美,急于求成是办不到的。因此在内容的选择上,要注意数量由少到多,动作节奏由慢到快,负荷由小到大,并根据实际情况,循序渐进,只有遵循人体发展和适应环境的基本规律,逐渐提高，才能更加有效地塑造完美的体态。

（三）培养良好形态的原则

确定形体训练内容时，应该以有效培养良好形态为准则，对于形态控制效果和具有实用意义的基本体操、基本功的训练，应在每个训练阶段中反复出现，逐步提高。对技术性较强的内容，需要考虑训练内容本身的技术含量，对发展形体素质有利的训练内容要坚持每训必有。

（四）科学的针对性原则

形体训练的内容在层次上应与训练者的年龄、心理和生理发展规律和形态控制能力的现状以及职业要求相适应。这样才能确保形体训练的系统性，逐步提高形体素质和技能要求，同时也要根据练习者学习的进展情况逐渐增加新内容，从而激发练习者练习的积极性。

（五）内容的多样性原则

身体素质的提高练习是艰苦的，练习者在形体训练初期感觉到的是辛苦，而后期是疲劳。健身目的明确、美体观念强的人，会在形体训练中苦中作乐，但自控能力差的人就很难坚持下去。只有坚持采用多种训练内容和方法相结合的形式，才能充分调动和激发练习者的兴趣，培养其积极主动的参与心理，克服训练内容单调、枯燥和动作难度高等带来的困难。

（六）理论和实践的有机结合原则

形体训练的主要方法是培养良好形态的身体练习，同时也必须重视学习形体训练的基础知识。练习者只有在初步掌握怎样确立良好形态的原理和方法后，才能运用人体的相关知识指导实践练习，培养出保持良好身体形态的能力。

第二章
身体各部位动作训练

第一节　放松练习

放松练习可以减轻机体的负担和能量消耗，减少耗氧量，使机体基本处于基础代谢状态，如使肌肉、肌腱、韧带、关节乃至脏器等处于相对稳定、松弛的状态，让紧张的身体得到舒缓释放。放松的过程由肌肉收紧和肌肉延展开始，在收紧和延展后身体能得到有效的放松。常见的具体方法有以下几种。

1. 头部放松

双脚打开与胯同宽，双手十指交叉放于头部后方，将头部向下（向左、向右）保持5秒钟，然后放松（如图）。

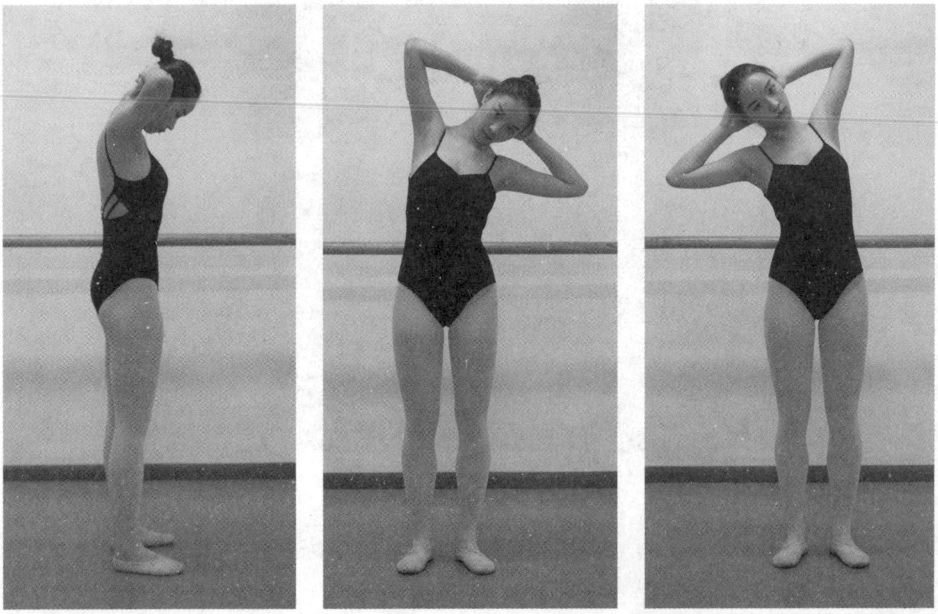

2. 肩部肌肉放松

将右肩用力向上高耸，保持 5 秒钟，快速下沉还原，然后放松。左肩重复一次。将双肩用力向上高耸，保持 5 秒钟，快速下沉还原，然后放松（如图）。

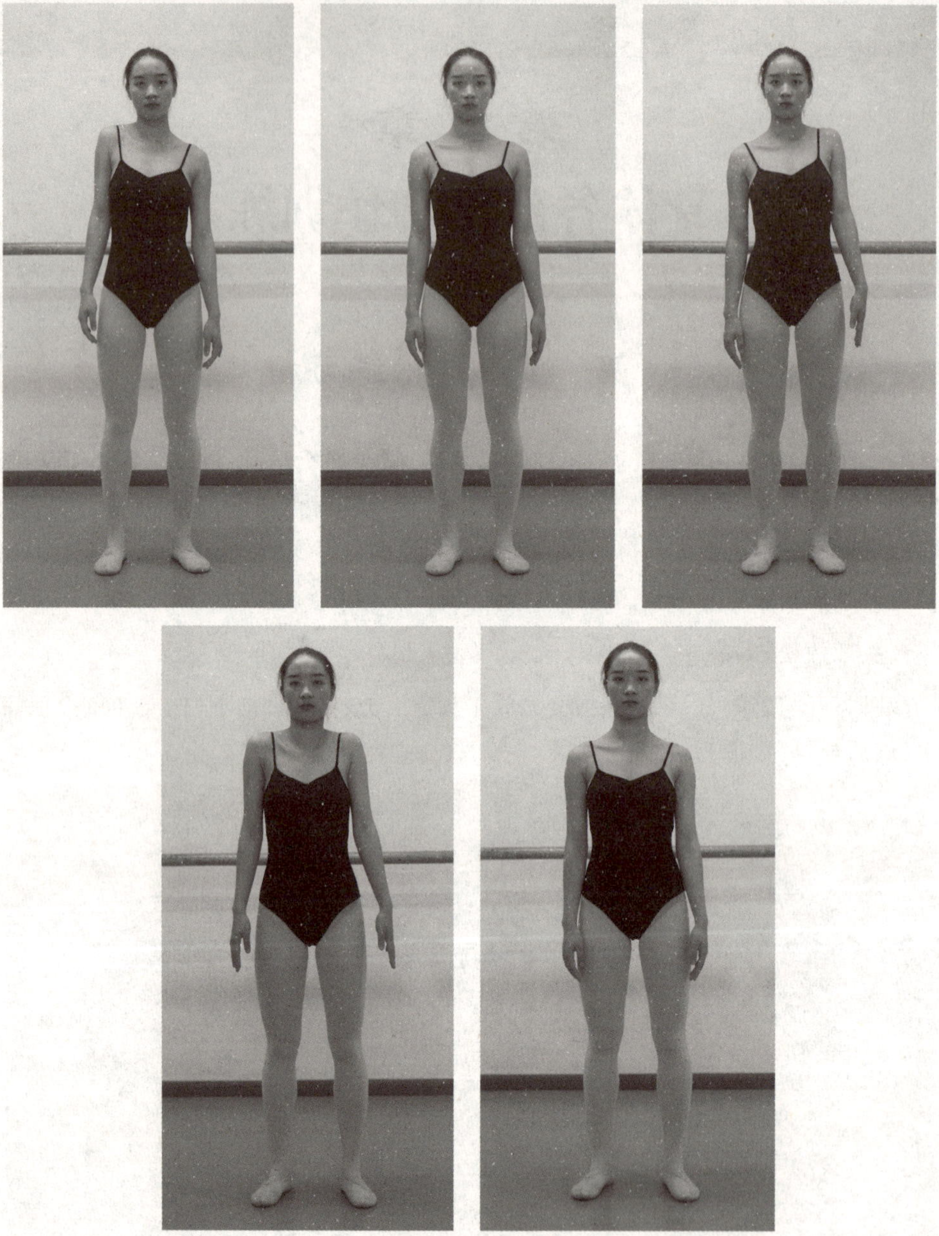

3. 手臂肌肉放松

吸气，双手举至头顶上方，双臂保持与地面垂直，指尖向上无限延展，肩膀内收下沉，胸腔向上提，收腹，保持基本站姿。保持 10 秒钟，呼气，双手位于体侧还原，然后放松（如图）。

4. 侧腰肌肉放松

保持双腿重心在两腿之间，左手扶髋，右手贴近耳朵的方向，同时身体向左侧屈，拉长右侧腰线，保持 5 秒钟，然后放松。相反动作重复一遍（如图）。

5. 腿部肌肉放松

以髋部为轴点，上身直立，双手扶住右脚踝，腹部尽量贴腿。上身立直，伸直右腿，双手扶住膝盖窝，用力拉伸大腿后侧的肌肉，保持 5 秒，然后放松（如图）。左腿动作重复一遍。

6. 脊柱放松

以髋部为轴点，身体向前屈，双手扶住脚踝，腹部尽量贴腿。然后慢慢起身，身体与地面保持平行，拉长后背，手臂向前延伸，头在脊柱的延长线上，保持5秒，然后放松（如图）。

7. 脚踝放松

双脚打开与肩同宽，双手扶髋，勾右脚至极限，保持5秒，然后放松。左脚动作重复一遍（如图）。

8. 深呼吸缓解法

吸气，同时双手由体侧至头顶上方交叉，呼气，双手还原（如图）。

第二节　颈、肩形态练习

一、颈部练习

颈部对人体基本形态及姿态完整性有重要影响。颈部形态训练有助于提高颈部肌肉的弹性和灵活性，有效去除多余脂肪，使颈部与整体搭配匀称，提高人体动作的艺术性和表现力。

1. 练习一

（1）准备姿势：直立，两手叉腰，双脚呈八字站立。

（2）音乐：2/4，中速。

（3）动作方法：4×8 拍。

①第 1 个 8 拍。

1～4 拍：低头向前，下颌用力向下。

5～8 拍：还原。

②第 2 个 8 拍。

1～4 拍：头向后屈。

5～8 拍：还原。

③第 3 个 8 拍。

1～4 拍：头向右侧屈，耳朵向肩部靠拢。

5～8 拍：还原。

④第 4 个 8 拍。

1～4 拍：头向左侧屈，耳朵向肩部靠拢。

5～8 拍：还原。

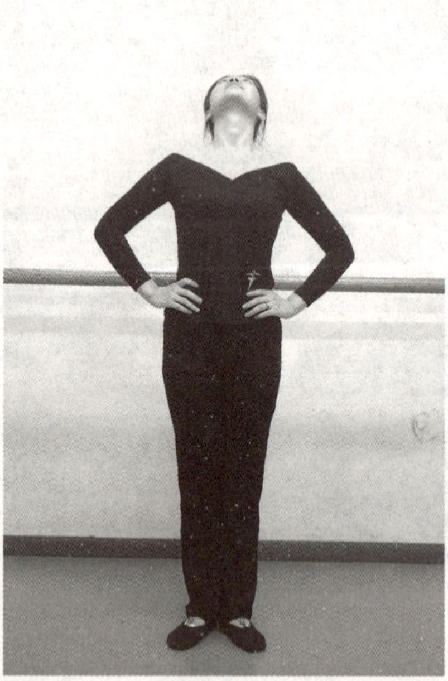

2. 练习二

(1)准备姿势:直立,两手叉腰,双脚呈八字站立。

(2)音乐:2/4,中速。

(3)动作方法:4×8 拍。

①第 1 个 8 拍。

1~4 拍:低头向前。

5~8 拍:头向左侧屈。

②第 2 个 8 拍。

1~4 拍:头向后屈。

5~8 拍:头向右侧屈。

③第 3 个 8 拍同第 1 个 8 拍。

④第 4 个 8 拍同第 2 个 8 拍。

二、肩部练习

肩关节是手臂和躯干运动的枢纽,圆形肌肉环抱着肩关节,形成肩膀的柔和曲线。合理的肩部训练能够增强肩部的柔韧性,打开肩部韧带,促进胸部和骨骼的活动,提高肩关节的灵活性,掌握肩的空间位置。肩部练习是端正仪表、表现优美动作的关键,同时还能够修正高低肩、耸肩等不良身体姿态,预防肩周炎。

1. 练习一

(1)准备姿势:直立,双手双臂自然垂于体侧,两腿分开,两脚距离同胯宽。

(2)音乐:2/4,中速。

(3)动作方法:4×8 拍。

①第 1 个 8 拍。

1~4 拍:含胸,双肩经前向上绕转。

5~8 拍:双肩向后绕转。

②第 2 个 8 拍。

1~4 拍:双肩经后向上绕转。

5~8 拍:双肩向前绕转。

③第 3 个 8 拍同第 1 个 8 拍。

④第 4 个 8 拍同第 2 个 8 拍。

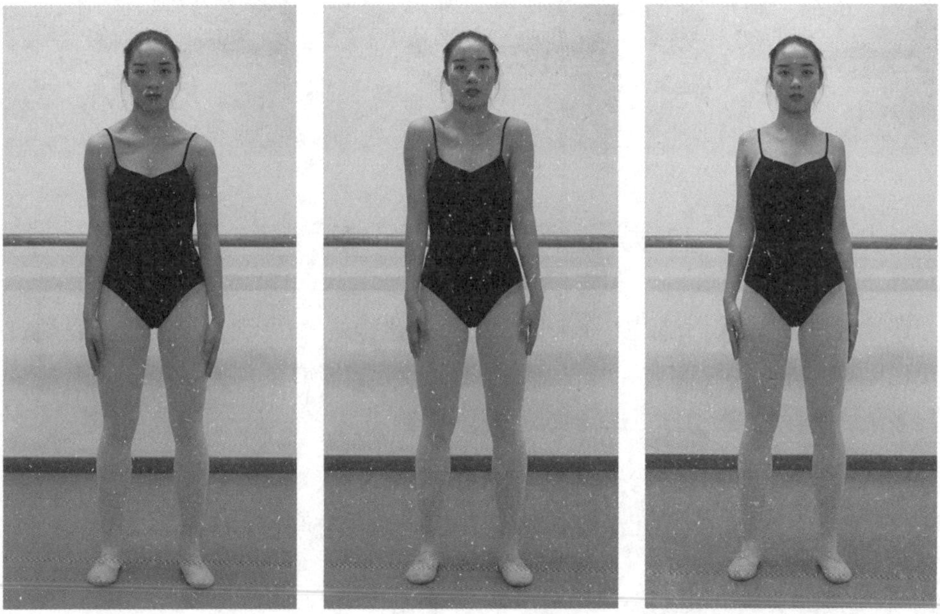

2. 练习二

(1)准备姿势:直立,双手双臂自然垂于体侧,两腿分开,两脚距离同胯宽。

(2)音乐:2/4,中速。

(3)动作方法:4×8 拍。

①第 1 个 8 拍。

1~4 拍:右肩经前向上绕转。

5~8 拍:右肩向后绕转。

②第 2 个 8 拍。

1~4 拍:右肩经后向上绕转。

5~8 拍:右肩向前绕转。

③第 3 个 8 拍同第 1 个 8 拍,换成左肩做。

④第 4 个 8 拍同第 2 个 8 拍,换成左肩做。

第三节　躯干部练习

在日常生活中，人们通过上肢来完成工作和情感的表达，而上肢动作又是通过手的变化以及肘关节的屈伸来实现的。加强手臂训练能够增强上肢肌肉的力量，减少手臂的多余脂肪，使体态动作更加轻盈、敏捷。

1. 练习一

(1)准备姿势：直立，双手手臂自然垂于体侧，脚尖分开呈 60 度。

(2)音乐：2/4，中速。

(3)动作方法：4 ×8 拍。

①第 1 个 8 拍。

1 ~4 拍：右臂经前向上绕转。

5 ~8 拍：右臂经上向后绕转。

②第 2 个 8 拍。

1 ~4 拍：右臂经后向上绕转。

5 ~8 拍：右臂向前、向下绕转至体侧。

③第 3 个 8 拍同第 1 个 8 拍，换成左臂做。

④第 4 个 8 拍同第 2 个 8 拍，换成左臂做。

2. 练习二

(1)准备姿势:分腿,挺胸站立,单臂肩上屈。

(2)音乐:2/4,中速。

(3)动作方法:4×8拍。

①第1个8拍。

1~4拍:右臂经前向上绕转。

5~8拍:右臂向后绕转。

②第2个8拍。

1~4拍:右臂经后向上绕转。

5~8拍:右臂向前绕转。

③第3个8拍同第1个8拍,换成左臂做。

④第4个8拍同第2个8拍,换成左臂做。

3. 练习三

(1)准备姿势:分腿站立。

(2)音乐:2/4,中速。

(3)动作方法:4×8拍。

①第1个8拍。

1~8拍:两臂胸前平举,直臂经上向后绕环一周至体侧。

②第2个8拍。

1~8拍:两直臂经上向前绕环一周至体侧。

③第 3 个 8 拍同第 1 个 8 拍。

④第 4 个 8 拍同第 2 个 8 拍。

4. 练习四

(1)准备姿势:分腿站立,两臂肩上屈。

(2)音乐:2/4,中速。

(3)动作方法:4×8 拍。

①第 1 个 8 拍。

1~8 拍:两臂屈臂,经前向上、向后绕环。

②第 2 个 8 拍。

1~8 拍:两臂屈臂,经上向前绕环。

③第 3 个 8 拍同第 1 个 8 拍。

④第 4 个 8 拍同第 2 个 8 拍。

5. 练习五

(1)准备姿势:分腿站立,两臂侧平举,掌心向上。

(2)音乐:2/4,中速。

(3)动作方法:4×8 拍。

①第 1 个 8 拍。

1~4 拍:两臂伸直内旋一周,至掌心翻转向上。

5~8 拍:两臂伸直外旋一周,至掌心翻转向上,还原。

②第 2 个 8 拍。

1~4 拍:两臂内旋同时上体前屈,两臂绕至掌心向上。

5~8 拍:两臂外旋同时上体还原成直立,两臂绕至掌心向上。

③第 3 个 8 拍同第 1 个 8 拍。

④第 4 个 8 拍同第 2 个 8 拍。

6. 练习六

(1)准备姿势:直立,两臂侧平举,双脚呈八字站立。

(2)音乐:2/4,中速。

(3)动作方法:4×8 拍。

①第 1 个 8 拍。

1~8 拍:左臂胸前平举,右臂后举,左臂经上向后绕环成后举,同时右臂经下向前绕环成胸前平举。

②第 2 个 8 拍。

1～8拍：同第1个8拍的相反动作。

③第3个8拍同第1个8拍。

④第4个8拍同第2个8拍。

7. 练习七

(1)准备姿势：直立，两臂自然下垂，双脚呈八字站立。

(2)音乐：2/4，中速。

(3)动作方法：4×8拍。

①第1个8拍。

1～4拍：左臂胸前平举，掌心向下，右臂侧平举，掌心向下，两臂同时向左摆动至右臂向前平举，掌心向下，左臂侧平举，掌心向下。

5～8拍：同1～4拍，方向相反。

②第2个8拍同第1个8拍。

③第3个8拍。

1～4拍：左腿向前跨出一步，屈右膝，重心放在左腿上，右臂向左前方摆动，同时左臂向头上摆动。

5～8拍：还原。

④第4个8拍同第3个8拍，方向相反。

8. 练习八

(1)准备姿势:直立,两臂自然下垂,两腿分开,两脚距离与肩同宽。

(2)音乐:2/4,中速。

(3)动作方法:4×8 拍。

①第 1 个 8 拍。

1~8 拍:两臂经上从右向左摆动,绕环一周。

②第 2 个 8 拍同第 1 个 8 拍,方向相反。

③第 3 个 8 拍同第 1 个 8 拍。

④第 4 个 8 拍同第 2 个 8 拍。

9. 练习九

(1)准备姿势:分腿屈膝站立,两臂撑在大腿上。

(2)音乐:2/4,中速。

(3)动作方法:4×8 拍。

①第 1 个 8 拍。

1~4 拍:右肩向内扣,同时上体前压。

5~8 拍:相反动作。

②第 2 个 8 拍同第 1 个 8 拍,方向相反。

③第 3 个 8 拍同第 1 个 8 拍。

④第 4 个 8 拍同第 2 个 8 拍。

10. 练习十

(1)准备姿势:两腿并拢直立,两臂自然下垂,两脚尖分开 60 度。

(2)音乐:2/4,中速。

(3)动作方法:4×8 拍。

①第 1 个 8 拍。

1~2 拍:两臂胸前交叉,掌心向内。

3~4 拍:两臂打开,摆至侧平举,掌心向下。

5~8 拍:同 1~4 拍。

②第 2 个 8 拍。

1~2 拍:两臂摆至头上交叉,掌心向前。

3~4 拍:两臂向侧打开,摆至侧平举,振肩。

5~8 拍:同 1~4 拍。

③第 3 个 8 拍。

1~2 拍:两臂经下向前摆至胸前平举交叉,掌心向下。

3~4 拍:两臂摆至侧平举,振肩。

5～8 拍:同 1～4 拍。

④第 4 个 8 拍同第 1 个 8 拍。

11. 练习十一

(1)准备姿势:分腿站立,两手体后交叉互握,手臂伸直。

(2)音乐:2/4,中速。

(3)动作方法:4×8 拍。

①第 1 个 8 拍。

1~4 拍:两肩向后展开,两臂伸直上举。

5~8 拍:还原。

②第 2 个 8 拍同第 1 个 8 拍。

③第 3 个 8 拍。

1~8 拍:上体前屈,同时两臂伸直上举,两臂做节拍性振动。

④第 4 个 8 拍。

1~4 拍:保持第 3 个 8 拍动作。

5~8 拍:还原。

12. 练习十二

(1)准备姿势:分腿站立,两手臂后伸。

(2)音乐:2/4,中速。

(3)动作方法:4×8 拍。

①第 1 个 8 拍。

1~4 拍:屈膝成半蹲,两脚尖外展,两手放在体后腰部下方。

5~8 拍:重心过渡到左脚,右脚尖向前点地,两肩向后展胸。

②第 2 个 8 拍。

1~4 拍:右腿向右转,沉肩。

5~8 拍:还原。

③第 3 个 8 拍同第 1 个 8 拍,方向相反。

④第 4 个 8 拍同第 2 个 8 拍,方向相反。

13. 练习十三

(1)准备姿势:跪坐,两手向前伸直。

(2)音乐:2/4,中速。

(3)动作方法:4×8 拍

①第 1 个 8 拍。

1~4 拍:上体向前倾,挺胸,抬头。

5~8 拍:手臂向两侧打开,掌心向上。

②第 2 个 8 拍。

1~4 拍:头转向右。

5~8 拍:头转向左。

③第 3 个 8 拍。

1~4 拍:身体继续向前移动至两手撑地,身体撑起,抬头。

5~8 拍:保持。

④第 4 个 8 拍。

1~4 拍:两手用力撑地,膝盖离地,手臂向后推压,两腿伸直,脚跟着地。

5~8 拍:保持。

14. 练习十四

(1)准备姿势:背对把杆站立,两手体后交叉互握,两臂伸直。

(2)音乐:2/4,中速。

(3)动作方法:4×8拍。

①第1个8拍。

1~4拍:屈膝下蹲。

5~8拍:保持。

②第2个8拍。

1~4拍:继续下蹲。

5~8拍:还原。

③第3个8拍同第1个8拍。

④第4个8拍同第2个8拍。

15. 练习十五

(1)准备姿势:正对把杆站立,两手手腕搭在把杆上。

(2)音乐:2/4,中速。

(3)动作方法:4×8 拍。

①第 1 个 8 拍。

1～8 拍:身体向下做屈体震颤。

②第 2 个 8 拍同第 1 个 8 拍。

③第 3 个 8 拍。

1～8 拍:左臂还原到体侧,做右臂单臂震颤下压。

④第 4 个 8 拍同第 3 个 8 拍,换成左臂单臂震颤下压。

16. 练习十六

(1)准备姿势:背对把杆站立,两手反握把杆,两手距离与肩同宽。

(2)音乐:2/4,中速。

(3)动作方法:4×8 拍。

①第 1 个 8 拍。

1～4 拍:胸腹向前用力,挺胸展腹,仰头,两臂伸直拉肩。

5～8 拍:保持。

②第 2 个 8 拍。

1～4 拍:脚跟离地,进一步向前上方挺胸展腹,拉肩。

5～8 拍:还原。

③第 3 个 8 拍同第 1 个 8 拍。

④第 4 个 8 拍同第 2 个 8 拍。

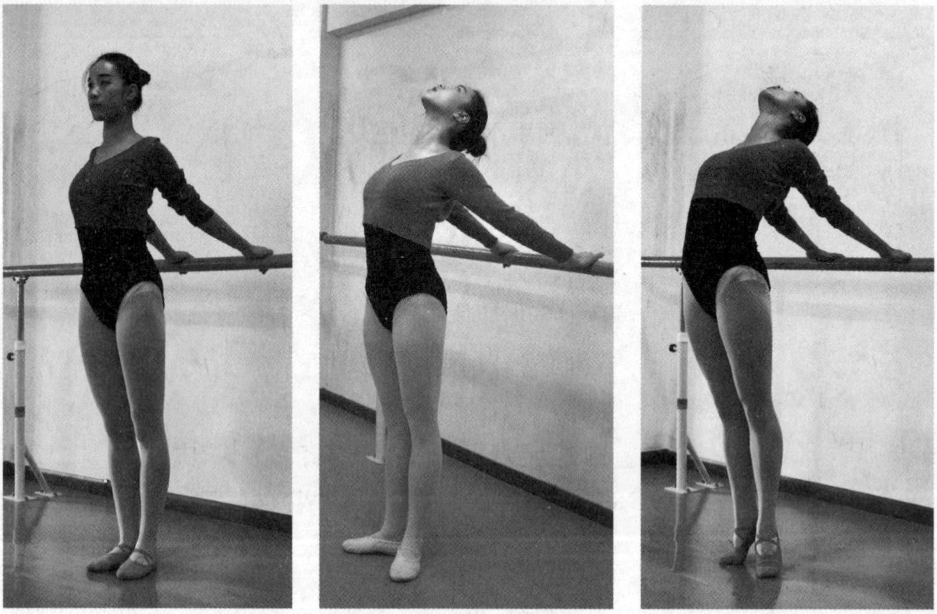

第三章
基本素质训练

第一节　训练目的与基本构成

(一)训练目的

基本素质训练主要是训练身体的协调平衡能力,是形体训练的一个重要环节,其目的是打开肩部和髋关节韧带,拉伸腿部肌肉,提高腰的柔软度,增强腿部肌肉和背部肌肉的拉伸能力。

训练时一般用站姿、坐姿、行姿和蹲姿等。

训练时要求重心放低,身体接触地面尽量大一些,以便掌握好力度,同时也减轻人体支撑自身重量的负担,可以更好地拉伸身体各个部分的韧带,增强肌肉群的力量,初步改善人体的松懈状态。

(二)基本构成

基本构成包括体态、呼吸、放松。在练习体态时,有意识的呼吸有助于把不必要的紧张降低到最小限度,同时能够使练习者的注意力集中。有的体态练习要求练习者在身体放松和积极意识这两种状态之间找到平衡点,这一点非常重要。

1. 体态

所有运动都要从练习体态开始。体态是指身体在瞬间保持住的一种姿态。因为肌肉在支撑躯体时会产生必要的紧张感,这时在放松和紧张之间就会产生一种动态的平衡。一个正确的体态有利于保持身体的平衡和稳定。

标准的体态要求身体左右两边是对称的,人体中骨骼与肌肉的平衡发展有助于标准体态的形成。若有某种生理缺陷造成的体态不平衡、不稳定以及脊柱凸起或双腿长短不一等问题,在练习过程中就要尽量加强身体肌肉控制,保持平衡和稳定。

体态平衡和稳定的好处有许多:

首先,可以强化我们身体的机能,提高柔韧性,增加身体的能量,使身体处于一个最佳的状态,体内能量运行更加流畅自如,让人充满活力。由于骨骼结构的稳定和协调,神经系统在这样稳定的状态下也可以消除肌肉的过度紧张。

再者,体态平衡和稳定可以提高人的平衡意识和能力。摆出不同的体态可以舒展身体,增强身体能力。正确的练习方法有助于自然健康体态的形成,加快练习进程,提高效率,同时也可以保护身体,不轻易受伤。

下面介绍一下基本的站姿和坐姿。介绍的这些姿势可以经常练习,使其逐渐成为日常姿势。练习时我们可以借助一面镜子,及时观察镜子中自己的动作,知道身体哪些部位还需要加强练习。

(1)基本站姿

双腿夹紧并拢,脚后跟紧贴,大拇指尽力靠拢,膝盖收紧,两腿直立。

双腿夹紧形成稳定而有力的支架来支撑身体。脊柱和颈部直立,下颌与地面保持平行。小腹向内收缩,抬高横膈膜,加强背部下方和腰椎的伸展(如图)。

深深吸气,使胸腔扩张。吐气,收缩腹部,双臂自然下垂,两手放在身体两旁。舒展胸部和肩膀,感觉身体从下而上地向上拉伸,延伸到头顶,双臂和手指向下延伸。

(2)基本坐姿

站姿练习对从头部到臀部的各个位置都有要求,坐姿练习与站姿练习大同小异。两个基本坐姿如下:

①双手自然垂放在双膝上,臀部坐在脚后跟上或者盘腿坐在垫子上,后背立直,臀部略高于膝盖部位(如图)。

②这种坐姿可以当作前屈坐姿的起始姿势：正部位坐立，双腿并拢，向前伸直，勾脚立起，脚后跟向前伸直，加强两腿的拉伸感，双膝并紧并向大腿内侧收紧，上半身立直，与双腿垂直。肚脐轻轻向脊椎方向收，头部与脊柱成一条直线，两眼平视前方，胸部舒展，双肩放松。双臂垂放身体两侧，双手平放在地上，手指尖向前，与双腿保持平行（如图）。

2. 呼吸

(1)呼吸的作用和方式

生命离不开呼吸这一不断来回交替的活动，生命的活力直接受呼吸影响。人的生命力来源于身体的能量，能量靠呼吸渗透到我们身体的每一个细胞。

呼吸的习惯和方式可以或多或少地影响人体的能量储备。

呼吸方式与我们的心态和感情有着直接的联系。例如，有控制的平稳的呼吸不会使人觉得焦躁不安。有意识地控制呼吸节奏可以很好地抑制情绪的波动，与体态练习相结合更有助于动作的完成，并能集中注意力。有意识的呼吸也可以单独进行。不管在什么情况下，控制呼吸节奏都可以有意识地让自己的呼吸更均匀、平稳和更深入一些。但是，要明确的是，虽然呼吸深入能够有效增加体内能量，但并不是呼吸得越深越好。

(2)呼吸练习基本要求

①除非有特殊情况，否则我们一般用鼻呼吸，嘴唇微闭。

②每次都要进行均匀、舒缓的深呼吸。

③吸气时间比呼气时间略短，这样有助于放松身体。

④练习动作的开始和结束都要和呼吸配合,动作与动作的衔接也要与呼吸配合。

⑤通过呼吸的次数可以计算出练习一个体态的时间。

⑥练习时,如果想加快练习速度,也要加快呼吸频率,但是要注意动作和呼吸的配合。正确的体态要配合正确的呼吸,才可以使横膈膜最大限度地运动。在一次完整的深呼吸过程中,横膈膜的上下运动会刺激淋巴系统,能祛除体内的毒素,增强身体免疫力。

(3)呼吸法练习

局部呼吸:局部呼吸有利于提升肺活量,使身体平静下来。局部呼吸可以作为胸腹式呼吸的前导部分。局部呼吸可以用以下方式进行(如图):

吸气至肺部下方,将手放于肚脐两侧,两臂肘关节紧挨地面。进行三次呼吸,让手感觉腹部的气吸至肺部上方。

将手放于锁骨下方,吸气时,感觉到胸部上方在慢慢隆起。

双肩放松,不要抬高或收紧肩膀。吸气到肺的中部,将双手放于胸腔两侧。呼吸三次,吸气时感觉胸腔向两侧扩张。然后呼气,放松身体。

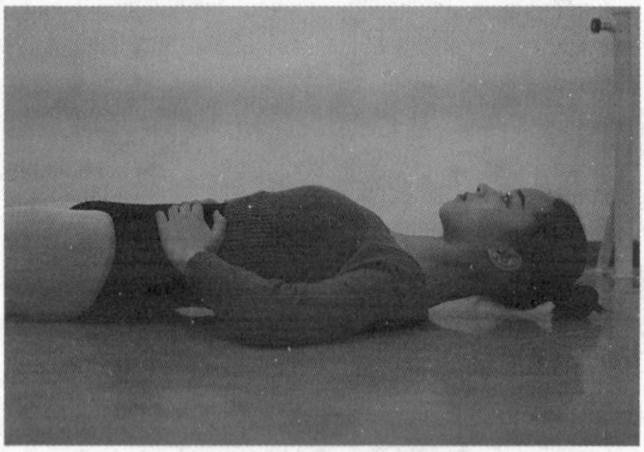
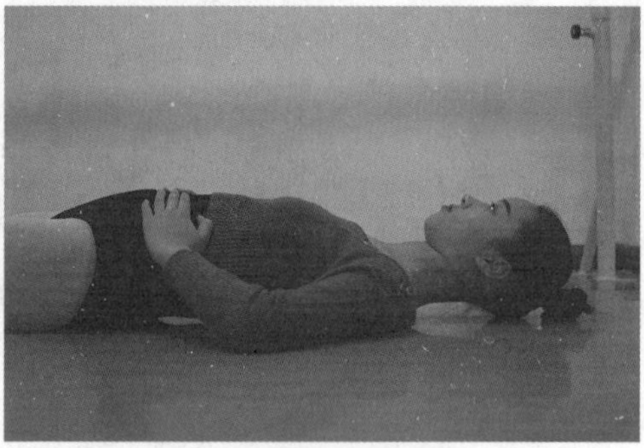

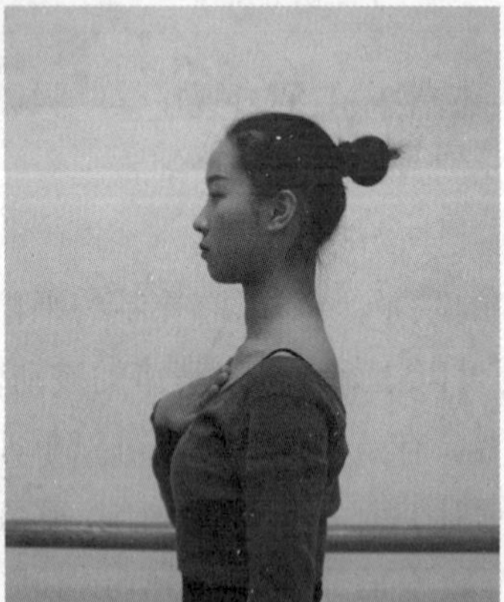
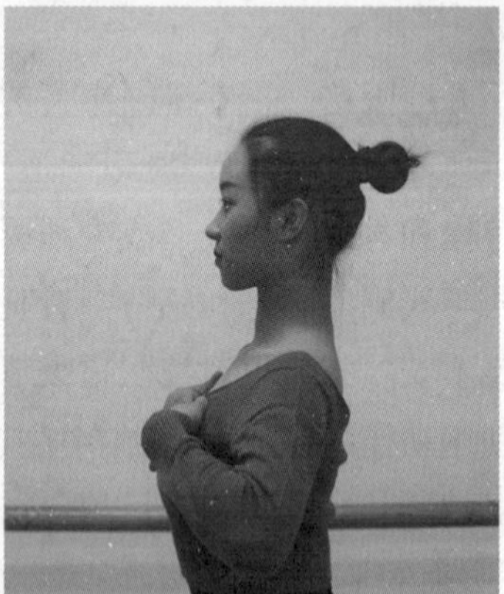

(4)胸腹式呼吸

双臂平放于身体两旁,手掌心朝上或下。吸气,将空气吸入到腹部,其次到胸腔,然后到胸部上方，呼气，放松身体。

3. 放松

放松身体有助于消除紧张感，保证动作的流畅性和身体功能正常运转。

平时我们要把放松练习作为基本练习的一个组成部分，因为有目的的放松有助于培养稳定的心理状态。

在练习中，放松姿势能让身体吸收动作所释放的能量。保持某个姿势时，血液会集中流向某个特定的身体部位（如图），要想使血液重新循环至全身需要一段时间。放松练习可以在每次练习之前、过程中或之后进行。

（三）准备工作

1. 穿着舒适、宽松或有弹性的运动衫，便于身体自由活动，不妨碍呼吸，不影响血液循环。餐后1至2小时练习为宜。练习前不要过多饮水。练习时要安静、谨慎，动作要舒展、轻柔。思想要轻松，过于紧张会降低练习的效果，甚至会导致损伤。保持微笑，这样能有效地缓解面部紧张的状态，使全身放松。从练习中找到乐趣也很重要，它反过来可以增加身体的灵活性，增加力量，增强运动效果。

2. 练习场地要保持宽敞干净，使练习站姿或卧姿时能够自由地伸展四肢。场地要尽量整洁安静，平坦，空间适中。只有坚持不懈地加以练习，才能有更好的效果。早晨和晚上练习均可以放松肌肉，减轻压力，消除紧张感。一般来说，每次练习1至1.5小时是比较理想的。如果时间受到限制，可以集中做一部分动作。如果空间受到限制，在特制的地毯或其他橡皮垫子、多层的毛毯或厚实的毛巾上练习都是可以的。

3. 练习时必须提前热身，这个步骤十分重要。

（1）热身可以使思想和身体都做好充分的准备，在练习时我们会感到更加轻松，能避免意外伤害的发生。

（2）热身可以加快血液循环，可以短暂且迅速地舒展全身，有利于身体机能互相协调。

（3）热身能让练习者把注意力集中到呼吸上，使呼吸变得均匀，并通过深呼吸增加吸入的氧气，增强体力，提高身体能量。并且，运动练习时，肌肉收紧状况也会因为课前热身而减轻许多。热身能加快身体的血液循环，增强肌肉的供氧量，同时也可以很好地帮助身体排出体内的毒素和废物。

第二节　体态训练

一、身体姿态

空乘人员的身体基本姿态包括立、坐、行、蹲等。

1. 站姿

站立是人们生活和人际交往中的一种最基本的举止，是空乘人员的基本体态之一。优美而典雅的站立姿态是举止优雅的基础。女士应秀雅优美，亭亭玉立；男士要“站如松”，刚毅洒脱（如图）。

标准的站姿要求是：

（1）头部中正，眼睛平视，嘴唇微闭，下颌微收，表情平和自然。

（2）肩膀放松，微微下沉，感觉头部向上牵引。

（3）身体直立，挺胸，腹部微收，立直脊柱。

（4）两手自然放松垂于体侧或放置于小腹前。

（5）双腿立直、并拢。男士可将双腿分开，两脚间距与肩同宽。

（6）脚跟相靠，身体重心落于两脚正中。女士脚尖并拢或两脚前后摆放呈“丁字”，男士两脚尖张开约60度。

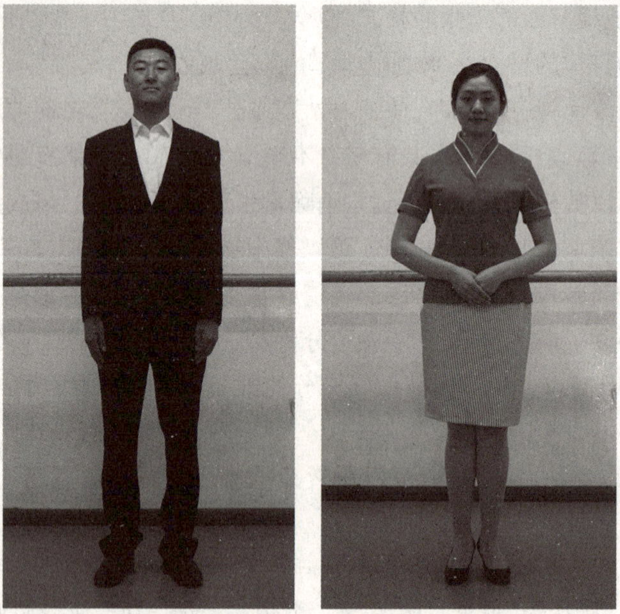

2. 坐姿

坐姿是仪态练习的重要内容之一。坐姿讲究“坐如钟”，挺胸收腹，让人感觉端正、舒服、有气质、大方。下面介绍几种规范的坐姿：

(1)女士坐姿(如图)。双腿并拢,上体挺直,坐正,两脚略向前伸,右手上左手下交叠。

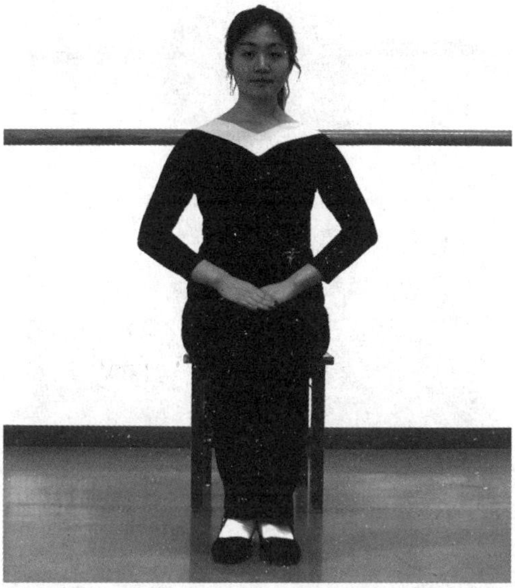

(2)女士礼仪坐姿(如图)。坐正,后背立直,双腿上下交叉叠放且并拢,上方的脚尖下压,双腿向左或向右倾斜,双手叠放,置于腿上。这种坐姿给人以高贵、典雅的美感。

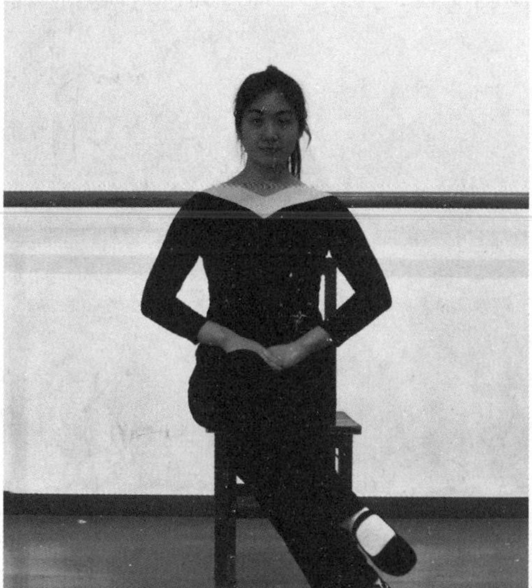

(3)男士坐姿(如图)。双腿略分开,两手分别放在膝盖上。

3. 行姿

行姿也称为走姿，即在保持正确、优美的站立姿态的基础上，躯体移动时正直、平稳，不僵硬又不呆板，两臂自然下垂或呈前握手位，摆动自然，双膝对正前方，脚尖稍微向外打开。落地时，脚后跟先着地，后重心过渡到脚掌，脚心、两脚后跟几乎保持在一条平行线上。行走时，两腿交替，弯曲度不宜过大，步伐稳健、均匀。

4. 蹲姿

日常生活中在捡起掉在地上的东西时或拿取低处的物品时，可以使用屈膝和下蹲的动作,这样可以防止臀部撅起和上身弯曲。尤其是穿裙子的女士,在下蹲时,应避免走光,蹲的过程中,两手自腰部向下整理衣裙,蹲下时,一只手轻轻护住领口处。

规范蹲姿:

(1)高低式蹲姿:如图所示,左脚放于前侧,右脚在后。左脚应完全紧贴地面,小腿基本与地面垂直,右脚应脚掌着地,脚跟抬起,臀部至头顶笔直向上。

(2)交叉式蹲姿:如图所示,左脚放于前方,右脚放于后方,左小腿与地面形成近似 90 度直角,全脚掌着地,左腿在上,右腿在下,两腿大腿根部贴紧,两脚前后靠近,相互支撑身体;背部直立。

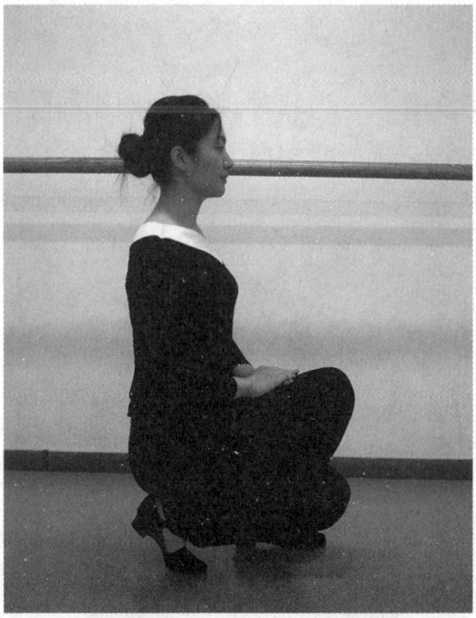

第三节 表情训练

微笑是人类最基本的面部表情。服务人员的职业微笑，是行业精神文明的体现，是缩短人与人之间心灵距离的有效途径，是赢得乘客信任从而增进公司效益的一种附带条件。微笑的方法有如下几种。

一、一度微笑

一度微笑是指浅浅的笑。训练时，将嘴角两端同时往上提，让嘴唇有拉上去的紧张感，保持 10 秒之后，恢复原有的状态并放松（如图）。

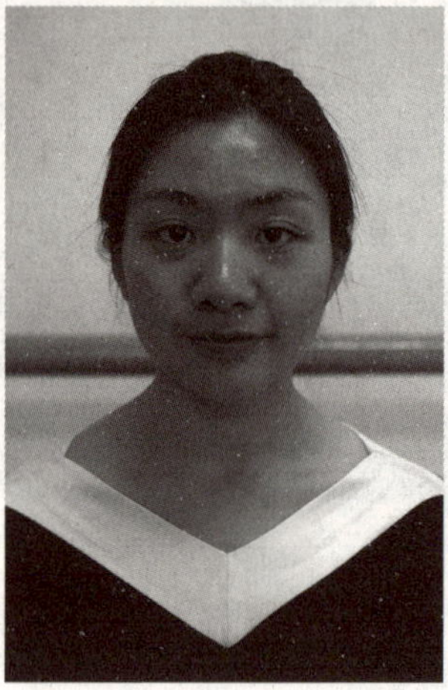

二、二度微笑

二度微笑是一种中度的微笑。训练时，将嘴角两端同时往上提，让嘴唇有拉上去的紧张感，露出上牙 6 颗左右，同时眼角向上扬。保持 10 秒后，恢复原来的状态并放松（如图）。

三、三度微笑

三度微笑较二度微笑而言，程度略深，是一种发自内心的、真诚的笑容。训练时，收紧唇部肌肉，一边把嘴角两端同时往上提，露出上牙8颗左右，同时调动笑肌，使整个面部表情看起来自然、和谐，这样的状态保持10秒，恢复原来的状态并放松（如图）。

第四节　热身体操

一、课前热身

在正式上课之前，首先可以进行几分钟的热身活动，其目的是加快脉搏跳动的速度，舒展全身的肌肉，促进血液循环，使身体逐渐兴奋，从而可以积极地投入到课程中。如果练习开始之前不做任何热身，"冷"肌肉、"冷"情绪会使人懒散，不利于下一步训练。

二、基本动作

1. 练习一

（1）准备姿势：正步站立，双臂自然下垂。

（2）音乐：2/4，中速。

（3）动作方法：4×8拍。

①第1个8拍。

1～4拍：左脚不动，右脚向前吸起于膝盖处45度，两臂自然地左右摆动。

5～8拍：保持。

②第 2 个 8 拍。

1 ~4 拍:右脚落回原地,左脚向前吸起于膝盖处 45 度,双臂自然地左右摆动。

5 ~8 拍:保持。

③第 3 个 8 拍同第 1 个 8 拍。

④第 4 个 8 拍同第 2 个 8 拍。

2. 练习二

(1)准备姿势:正步站立,双手叉腰。

(2)音乐:2/4,中速。

(3)动作方法:2 ×8 拍。

①第 1 个 8 拍。

1 ~4 拍:右脚踏地,左脚前小吸腿,双臂自然左右摆动。

5 ~8 拍:保持。

②第 2 个 8 拍同第 1 个 8 拍,方向相反。

3. 练习三

(1)准备姿势:正步站立,双手叉腰。

(2)音乐:2/4,中速。

(3)动作方法:2×8 拍。

①第 1 个 8 拍。

1~4 拍:左脚原地踏一步,同时左腿半蹲,右脚前小吸腿。

5~8 拍:保持。

②第 2 个 8 拍。

1~4 拍:左腿伸直,立半脚尖,同时右腿向前踢腿。

5~8 拍:重复 1~4 拍动作。

4. 练习四

(1)准备姿势:正步站立,双手叉腰。

(2)音乐:2/4,中速。

(3)动作方法:2×8 拍。

①第 1 个 8 拍。

1~4 拍:左脚原地踏一步,同时左腿弯曲,右脚准备抬起。

5~8 拍:保持。

②第 2 个 8 拍。

1~4 拍:左腿伸直,立半脚尖,同时右腿向前 90 度吸腿。

5~8 拍:重复 1~4 拍动作。

5. 练习五

(1)准备姿势:正步站立,双手合十。

(2)音乐:2/4,中速。

(3)动作方法:2×8 拍。

①第 1 个 8 拍。

1~4 拍:左脚起向前走三步。

5~8 拍:左脚原地踮跳一次,吸右腿,双手在胸前击掌。

②第 2 个 8 拍。

1~4 拍:右脚起,向后退二步。

5~8 拍:右脚原地踮跳一次,吸左腿,双手在胸前击掌。

6. 练习六

(1)准备姿势:正步站立,双臂自然下垂。

(2)音乐:2/4,中速。

(3)动作方法:2×8 拍。

①第 1 个 8 拍。

1~4 拍:左脚向前一步,左臂前举。

5~8 拍:右脚跟上,右臂前举。

②第 2 个 8 拍。

1~4 拍:左脚向后一步还原,同时双臂向侧展开。

5~8 拍:右脚跟上还原,同时双臂还原。

7. 练习七

(1)准备姿势:正步站立,双手叉腰。

(2)音乐:2/4,中速。

(3)动作方法:2×8 拍。

①第 1 个 8 拍。

1~4 拍:左脚原地跳一步,同时右脚绷脚,后踢小腿。

5~8 拍:右脚原地跳一步,同时左脚绷脚,后踢小腿。

②第 2 个 8 拍同第 1 个 8 拍。

8. 练习八

(1)准备姿势:正步站立,双臂自然下垂。

(2)音乐:2/4,中速。

(3)动作方法:2×8 拍。

①第 1 个 8 拍。

1~4 拍:左脚原地跳一步,同时右脚绷脚,后踢小腿,双臂侧平举。

5~8 拍:右脚原地跳一步,同时左脚绷脚,后踢小腿,双臂侧上举。

②第 2 个 8 拍。

1~4 拍:同第一拍动作。

5~8 拍:右脚原地跳一步,同时左脚绷脚,后踢小腿,双臂收回。

9. 练习九

(1)准备姿势:正步站立,双手叉腰。

(2)音乐:2/4,中速。

(3)动作方法:2×8 拍。

①第 1 个 8 拍。

1~4 拍:双手叉腰,左脚起,向前走四步。

5~8 拍:开、合步各跳一次,双手向前平举。

②第 2 个 8 拍。

1~4 拍:各做四次开、合跳,同时双臂做侧平举、上举、侧平举、还原动作。

5~8 拍:重复 1~4 拍动作。

10. 练习十

(1)准备姿势:站好,两臂自然下垂,放松。

(2)音乐:2/4,中速。

(3)动作方法:2×8 拍。

①第 1 个 8 拍。

1～4 拍:右脚向右跨一步,双臂屈于腰间,握拳。左脚并步,双臂打开上举。

5～8 拍:左脚向左跨一步,双臂屈于腰间,握拳。右脚并步,双臂打开上举。

②第 2 个 8 拍同第 1 个 8 拍。

11. 练习十一

(1)准备姿势:站好,双臂自然放在身体两侧。

(2)音乐:2/4,中速。

(3)动作方法:2×8 拍。

①第 1 个 8 拍。

1～4 拍:左脚向左迈一步,双臂侧平举打开。

5～8 拍:右脚交叉步跟上,双臂体前交叉。

②第 2 个 8 拍。

1～4 拍:踮步踢腿,双臂依次前举,还原。

5～8 拍:做反方向动作。

12. 练习十二

(1)准备姿势:站好,双手紧贴裤缝,双臂自然下垂。

(2)音乐:2/4,中速。

(3)动作方法:2×8 拍。

①第 1 个 8 拍。

1～4 拍:右脚起,向前走三步,第 4 拍,右脚踮跳,左腿后摆,同时右臂向前上方摆动,左臂向后下方摆动。

5～8 拍:动作相同,方向相反。

②第 2 个 8 拍同第 1 个 8 拍。

13. 练习十三

(1)准备姿势:后背立直,双手自然放松,垂于地面。

(2)音乐:2/4,中速。

(3)动作方法:4×8 拍。

①第 1 个 8 拍。

1~8 拍:左脚向左跳一步,双臂从左向右绕大臂,右脚跟上。

②第 2 个 8 拍。

1~8 拍:左脚向左再跳一步,右脚后踢,抬小腿,双手握拳,屈肘于胸前。

③第 3 个 8 拍同第 1 个 8 拍,方向相反。

④第 4 个 8 拍同第 2 个 8 拍,方向相反。

第四章
基本技能训练

第一节　开、绷、直、立

开、绷、直、立是形体训练中基本技能训练的四个基本元素，这四个元素一直贯串于整套训练之中。这种严谨且规范的训练能塑造人体优美的动态造型，改变自然形态中的不足。

一、开

开是指将人体的髋关节到膝关节、腕关节全部打开。练习者要在正确的指导下练习，否则，会造成肌肉或韧带的拉伤。练习者可根据个人条件决定开度大小，以达到增强人体下肢表现力的目的。

二、绷

绷指脚尖下压前伸，脚背平展，形成绷脚。绷可以拉长腿部肌肉，增强腿的长度和肌肉的力度，使线条修长、优美。

三、直

直以下肢双腿直立、上身脊椎直立为准则。强化直的训练，有助于身体的矫正和生长发育，形成挺拔、上升的姿态。

四、立

立指人体的每一个关节、每一块肌肉都向上提，以训练肌肉素质和弹跳能力，形成向上提升的状态。

第二节　手脚练习

基本的手位、脚位的规范训练有促进身体各部位动作协调配合并在运动过程中达到平稳的作用，增强表现能力。

一、手的位置

(一)手形

手形：五指自然放松，大拇指与中指稍靠近(如图)。

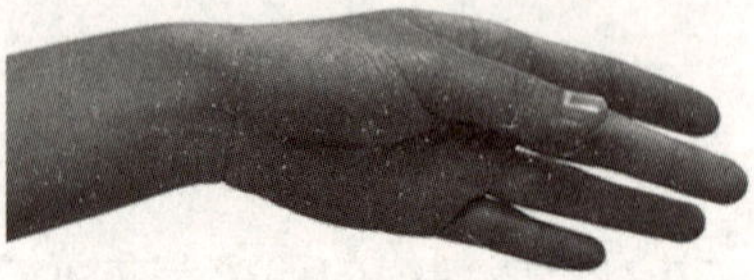

(二)手位

1. 一位：双手在身体前呈椭圆形，手心朝上，指尖相对，两手间距一拳左右，稍稍离开大腿(如图)。

2. 二位：双手呈一位姿态，向上抬至腹前（如图）。

3. 三位：双手呈二位姿态，向上抬至头前上方（如图）。

4. 四位：一手呈三位手姿态，另一只手落下至二位（如图）。

5. 五位：四位手姿态，二位手向旁打开（如图）。

6. 六位：五位手姿态，三位手落下至二位（如图）。

7. 七位：六位手姿态，二位手向旁打开（如图）。

二、脚的位置

（一）脚的基本形态（男女相同）

1. 绷脚：脚的五趾并拢伸直，脚背绷起（如图）。

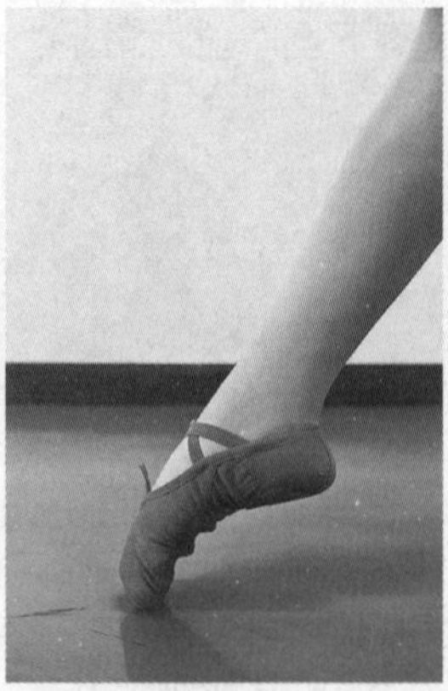

2. 勾脚:脚的五趾并拢,脚尖用力向回勾起(如图)。

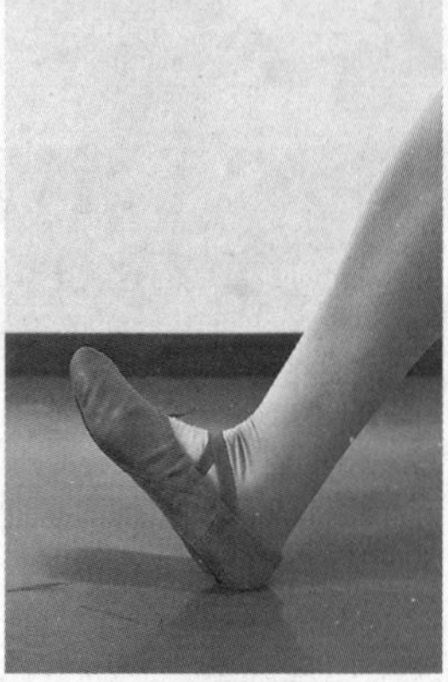

(二)脚的几种位置

1. 一位:两脚后跟相靠,脚尖向外打开呈一字形(如图)。

2. 二位：一位基础上，两脚后跟分开，相距约一脚宽（如图）。

3. 三位：二位基础上，一只脚在另一只脚前重叠，脚尖、脚跟相靠合拢（如图）。

4. 八字步:两脚跟并拢,两脚尖打开(如图)。

5. 大八字步:在八字步的基础上,一脚横向迈一步与肩平,两脚尖打开(如图)。

第三节　把杆练习

这部分的训练主要是借助把杆的支撑力量,单手扶把,完成身体各部分的机能训练,塑造优美的姿态造型。促进力量、机能等素质发展,提高形体的控制能力,是基本技能训练必不可少的环节。

一、起踵

(1)准备姿势:直立,双腿及脚后跟并拢,脚尖分开呈60度,双臂自然垂于体侧。

(2)音乐:2/4,中速。

(3)动作方法:4×8拍。

①第1个8拍。

1~4拍:双手扶杆,双脚分开,脚跟慢慢提起,脚尖点地。

5~8拍:立踵控制,慢慢还原。

②第2个8拍。

1~4拍:动作同第1个8拍的1~4拍。

5~8拍:左脚旁移一步成二位。

③第3个8拍同第1个8拍。

④第4个8拍。

1~4拍:右脚向左脚前上一步成五位。

5~8拍: 动作同1~4拍,动作相反。

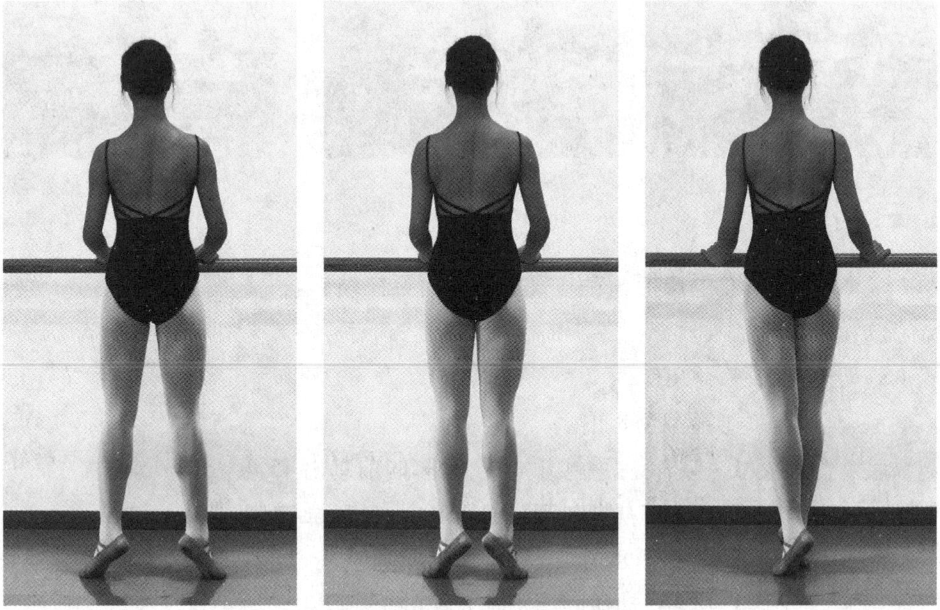

二、擦地

(1)准备姿势:左手扶把,右手一位,脚呈五位站立。

(2)音乐:2/4,中速。

(3)动作方法:4×8拍。

①第1个8拍。

1~8拍:右手打开七位,右脚向前擦出,脚尖点地(如图),右脚收回前五位。

②第 2 个 8 拍同第 1 个 8 拍。

③第 3 个 8 拍。

1 ~8 拍:右脚向右旁擦出,脚尖点地(如图),右脚收回前五位。

④第 4 个 8 拍。

1 ~8 拍:动作同第 3 个 8 拍,收回后五位。

三、小踢腿

(1)准备姿势:左手扶把,右手一位,右脚前五位站立。

(2)音乐:2/4,中速。

(3)动作方法:4 ×8 拍。

①第 1 个 8 拍。

1 ~4 拍:右手打开七位,右脚向前踢出 45 度。

5 ~8 拍:右脚向旁踢出 45 度,右脚收回前五位。

②第 2 个 8 拍。

1 ~4 拍:动作同第 1 个 8 拍的 1 ~4 拍。

5 ~8 拍:右脚向后踢出 45 度,右脚收回后五位。

③第 3 个 8 拍同第 1 个 8 拍,脚收回后五位。

④第 4 个 8 拍同第 2 个 8 拍,脚收回前五位。

四、蹲

(1)准备姿势:左手扶把,右手一位,脚一位站立。

(2)音乐:4/4,中速。

(3)动作方法:4×8 拍。

①第 1 个 8 拍。

1~4 拍:半蹲,右手七位。

5~8 拍:回原位。

②第 2 个 8 拍。

1~4 拍:全蹲。

5~8 拍:回原位。

③第 3 个 8 拍。

1~4 拍:右脚旁擦地,落二位。

5~8 拍:回原位。

④第 4 个 8 拍。

1~4 拍:全蹲。

5~8 拍:回原位。

五、画圈下腰组合

(1)准备姿势:左手扶把,右手一位,脚五位站立。

(2)音乐:3/4,中速。

(3)动作方法:

准备拍:右手打开七位。

第1小节:右脚前擦地,经旁向后画圈至后点地,收回一位。

第2小节:动作同第1小节。

第3～4小节:动作同第1～2小节,方向相反。
第5小节:右手收回至二位,下前腰。
第6小节:上身慢直立还原,手抬至三位,打开七位。
第7小节:双脚踮脚,下后腰。
第8小节:脚落下,上身慢直立还原。
第9小节:右手经二位至三位,向左下旁腰。
第10小节:上身立直还原,右手打开至七位。
第11小节:右脚打开至二位,左手离把经二位抬至三位。
第12小节:左脚尖点地,向右下腰。
第13小节:上身立直还原。
第14小节:左手下落扶把,右脚收回前五位。
结束拍:右手回一位。

六、压腿

(1)准备姿势:左手扶把,右手一位,五位站立。
(2)音乐:3/4,中速。
(3)动作方法:
准备拍:右手经二位至三位,右腿经前吸腿,伸直放把上。
第1小节:前压腿。
第2小节:保持2拍,还原。
第3～4小节:动作同第1～2小节。
第5小节:左转身45度面向把杆,右手扶把,左手三位。
第6小节:右腿旋转。
第7小节:旁压腿。
第8小节:保持2拍,上身还原。

第 9 ~ 10 小节：动作同第 7 ~ 8 小节。

第 11 ~ 12 小节：右转身 90 度，成右后腿，右手七位。

第 13 小节：支撑腿屈膝半蹲，立直。

第 14 小节：再重复做一次。

第 15 小节：上身后屈，压后腿。

第 16 小节：保持 2 拍，上身还原。

第 17 ~ 18 小节：动作同第 15 ~ 16 小节。

第 19 ~ 20 小节：右腿经旁收回成后五位，右手扶把，左手收回一位。

第 21 ~ 40 小节：动作同第 1 ~ 20 小节。

七、大踢腿

(1)准备姿势:左手扶把,右手一位,脚五位站立。

(2)音乐:3/4,中速。

(3)动作方法:

准备拍:右手打开七位。

第 1 小节:右脚向前大踢腿,还原。

第 2 ~ 3 小节:动作同第 1 小节。

第 4 小节:不动。

第 5 ~ 8 小节:向旁大踢腿,还原,右脚收回后五位。

第 9 ~ 12 小节:向后大踢腿。

第 13 ~ 16 小节:向旁大踢腿,同第 5 ~ 8 小节。

结束拍:右手收回一位。

八、控制

(1)准备姿势:左手扶把,右手一位,脚五位站立。

(2)音乐:3/4,中速。

(3)动作方法:

准备拍:右手打开七位。

第 1 小节:右腿左前大吸腿,前踢伸。

第 2 小节:控制。

第 3 小节：动作腿稍屈膝，右手上抬至三位呈前鹤立式，眼看右。

第 4 小节：控制。

第 5～6 小节：右腿伸直前点地，收后五位，右手至七位。

第 7 小节：右腿抬至 90 度，左腿与地面垂直，右手同时经二位前伸，呈迎风展翅式。

第 8 小节：控制。

第 9～10 小节：动作腿落下点地，收回后五位，右手收回一位。

第 11 小节：右旁大吸腿，旁伸 90 度，右手打开七位。

第 12 小节：控制。

第 13～14 小节：动作腿落下后点地，收回后五位。

第 15 小节：右脚旁擦地，旁抬 90 度。

第 16 小节：动作腿向后摆动，稍屈膝，右手上抬至三位，呈后鹤立式，支撑腿半脚尖站立，头向左。

第 17 小节：控制，后一拍支撑腿脚掌着地。

第 18 小节：动作同第 9～10 小节。

第 19 小节：动作同第 15 小节。

第 20 小节：动作腿旁抬超过 90 度，右手上抬至三位，上身稍向左倾，眼看左下方，呈俯望式。

第 21 小节：控制。

第 22 小节：动作腿落下旁点地，收回前五位，右手收回一位，上身还原。

第 23～24 小节：双脚半脚尖立起左转体 180 度，左手离把打开七位，右手扶把。

第 25～46 小节：动作同第 1～22 小节，反方向做一遍。

九、跳

(1)准备姿势:八字步站立,手二位。/大八字步站立,手二位。

(2)音乐:2/4,中速。

(3)动作方法:

准备拍:八字步站立,手二位。

第1~2节:跳前半蹲,推地而起,脚背绷直,上身直立,双手同时经胸前打开至七位,落地半蹲,还原。

原地大跳

准备:大八字步站立,手二位。

第 1 ~2 节:深蹲,两腿用力推开地面,高高跳起,空中大八字步,双手同时经胸前打开至七位,落地成八字步,半蹲,直立,双手收回胯旁。

十、跳组合

(1)准备姿势:八字步站立,双手叉腰。

(2)音乐:2/4,中速。

(3)动作方法:

准备拍:半蹲,双手顺身体下滑至胯两旁,指尖相对。

第 1 ~2 小节:连续小跳四次,双手渐渐打开,经两侧平伸。

第 3 小节:小跳在空中时,落成大八字步半蹲,双手下落至胯旁。

第 4 ~5 小节:连续大跳四次,双手同时打开侧平伸。

第 6 ~7 小节:双脚向前跳起,左腿落地半蹲,右腿后抬 90 度,左手旁伸,右手前伸,手心朝下(如图),左腿直立,右腿收回小八字步,双手收回胯旁。

第 8 ~9 小节:半蹲,双手下落胯旁。双脚向后起跳,右脚擦地前抬,左脚后退步,半蹲,双手经胸前向两侧打开,右手侧平伸,左托手(如图)。

第 10 小节:左腿直立,右脚前点地收回小八字步,双手收回胯两旁。

注:音乐继续,从头开始反复练习。

第五章
基本形体训练

第一节 健美操

一、健美操概述

健美操是以有氧运动为基础，以增强体质、塑造形体和娱乐为目的的体育活动。健美操锻炼时间比较长，强度比较适中，是锻炼效果比较好的一种运动方式，适合年轻人。有氧训练可以使肌肉和关节功能增强，使身体更具有灵活性、弹性，使动作协调、优美，使身体具有节奏感、韵律感，能达到良好的减肥功能并保持良好的形体姿态。学习时，要保持良好的精神状态，仔细观察分解动作，认真领会动作要领，掌握秘诀，注意保持动作的连贯性，这样就能让锻炼效果大幅度地提升，同时要注意平时锻炼时穿运动鞋及宽松、吸汗的运动服，保护身体不受损伤。

（一）健美操的本质特征

健美操除了具有体操常见的内容丰富、形式多样、易于普及，能全面且有效地锻炼身体，有一定的艺术性和不断创新等一般特点外，还有下面四个本质特征。

1. 健身、健美和健心的一体性特征

健美操有高度的艺术性，具有“健、力、美”的特征。各种成套健美操一般都由准备动作，头颈、四肢和躯干动作，跳跃动作和放松动作组成。它包括发展肌肉的力量、速度和弹性，发展关节、韧带的柔韧性，发展心血管系统和呼吸系统的机能等练习。许多髋部动作，不但加强了髋关节的灵活性，而且也大大加强了腹腔运动，使人体吸收和排泄功能得以改善，并且能有效地减少臀部和腹部的脂肪堆积，提高动作的协调性和灵活性。

健美操动作讲究造型美，动作美观并且大方，朝气蓬勃，完成动作要有力度，准确到位等。健美操的每一个动作，都可有效地改善身体各有关部位的姿态，使人体匀称和谐，轮廓线条清晰优美，有利于培养健美的体态、气质和风度，塑造健美的形体。

练习健美操时，合适的音乐节奏和旋律不但给健美操带来了无限生气，也有利于提高动作的节奏性和协调性，使动作富有美的色彩，进而使人们在欢乐的环境中进行自我陶冶，在自娱中产生美的情操，培养准确的审美观念及良好的性格和道德品质。

因此，健美操是一种以健身为基础，融健美、健心为一体的具有整体效应的锻炼手段。它既注重外在美的锻炼，又强调内在美的培养，较为明显地反映了健身、健美和健心为一体的特点。

2. 动作的多变性和协调性特征

健美操吸收了舞蹈、武术中的许多动作，使健美操增添了新的活力，丰富了健美操的单个动作。健美操的单个动作较多，瞬间造型多，动作的节奏变化多，使成套动作丰富而又多变。

健美操成套动作的多变性首先体现在每一级操大多数是多关节的同步活动，少部分是单关节的局部活动。如在完成大幅度的上肢动作时，头部、腰部、髋部、膝部等部分也会随之进行相应的摆动，这不仅能让身体活动次数成倍增长，还可以变换组合方式，形成多种动作，提高身体的协调性。其次，这种多变性也体现在动作的频率以及力度大小上，如在完成两臂侧举时用最快的速度将手臂抬至平肩部位，在节奏变化上，要完成这一动作，可以有多种。再次，在健美操成套动作中，对称动作和依次完成的非对称动作都是同时大量存在并相辅相成的。这些动作都能够有效地提高身体的协调性。健美操动作的这种特殊的协调性和多变性特征在使美感更加充分彰显的同时，也让练习者更好地感受到它的健美价值与魅力。

3. 运动负荷大，有针对性和适应性特征

承受运动负荷是身体训练的最重要形式，只有给予练习者一定的运动负荷，才能使其内在的运动潜能得到最大限度的激发，才能使之达到健身、健美、健心的目的。如在全国推广的《全国健美操大众锻炼标准》的每一级操中，上肢各关节、脊柱、腹部、髋部、腿部、踝等关节的活动次数为1562次，经过高强度的运动负荷锻炼，人的最高心率甚至可以达到156次/分钟。健美操是一种需要高密度练习的形体运动，而且在一定阶段里保持较大强度的锻炼，可以达到锻炼的效果，使身体各关节、韧带、主要肌群、心血管系统和呼吸系统等都能承受较大的运动负荷。

健美操相对适宜的运动负荷强度，对某些关节、韧带、肌群乃至全身都是卓有成效的，其成效根据练习者的年龄、性别和健美程度等不同而不同。区别表现在练习者根据健美操创编的目的、任务及自身的特点安排全套操的负荷量。另外，练习者可根据自己的年龄、身体状况、学习和生活等情况自我调节负荷量，从而保证健美操的针对性和适应性特点。

4. 节奏感和韵律性明显的特征

人们在长期的调研中发现，运动中有节奏感的活动能使人的身体达到最适宜的协调。健美操通过自身动作力度的强弱、速度的快慢等节奏性变化，让身体的各个环节、各个部位都得到了很好的放松和运动，让人在运动中产生很强的愉悦感和美感。同时，练习者还可以根据自身运动基础和身体状态对节奏进行自由调节，选择快、慢或适宜等节奏。在完成动作时肌肉用力的强弱、快慢、刚柔等，使动作表现出了刚、柔、脆、劲等多种运动形态，从而形成不同风格的健美操动作。

健美操的不同动作和风格，辅以相应节奏的音乐，能够更好地彰显健美操的节奏感、韵律性特征。音乐中音律节奏性的高低、长短、强弱、快慢的变化，使健美操自身的韵律性和动感性特征得到最大限度的体现。活泼轻快、节奏感强的韵律，能够激起运动的动力，让人跃跃欲试。只有动作与音乐的节奏和韵律充分相和，才能让练习者切身感受到健美操的内在节奏感，真正获得身心的愉悦和美的体验。所以，健美操的音乐不仅是活跃气氛的工具，更是动作节奏的指令和节拍，能够让练习者在节奏的变换中掌握动作的快慢，进而产生练习的动感和身心的活跃感，在锻炼形体的同时也陶冶了情操。

（二）健美操内在功能

促进身心健康、塑造完美形体、陶冶美好心灵是健美操的三大功能。

1. 促进身心健康

人们在健美操运动过程中，不仅获得了运动所带来的体质改善，而且身心得到了放松，精神得到了愉悦。健美操在发展体质、增进健康的同时，更能促进肌体能力的提高和体质的增强，它强调外形与身体机能和心理品质的协调统一。

健康与美本来就是相辅相成的，健康美是人们锻炼体质所追求的重要目标。在获得外在健康美的同时，实现内心的放松与愉悦更让人们所期待。

健美操相对柔和的节奏、韵律，使身体的各个关节、部位在相对舒缓的张弛中，得到锻炼和运动。身体韧带的韧性以及各个部位肌肉的弹性也能得到很好的发展和提高，皮下脂肪在运动中也能得到很好的燃烧，心肺功能也能在一定程度上得到锻炼和增强。健美操在促进身体机能健康的同时，也让人暂时忘却了工作、生活的压力，让人处于一种半沉睡的机械化状态。人们沉醉于自我运动之中，身心得到愉悦和恢复。

因此，在健美操的运动过程中，我们可以轻松地实现内外的和谐统一。

2. 塑造完美形体

人体外形的健康、和谐、匀称是形体美的重要表现形式。形体美简单地说就是协调美。每个人在身体高度、各部位的长度和宽度以及体重等方面比例协调，能在视觉上给自己及他人一种精神愉悦的感受。判断形体美与否不仅要看其胖瘦、高矮，更要看其是否健康、匀称，是否有活泼、健康的身体素质。

当前，人们通常用身高指数、体重指数、胸围指数、肩宽指数、腿长指数等来评定人的形体状态。

（1）身高指数就是用身高（cm）减去体重（kg）而获得的数值，一般女性合理指数为104，男性为109。

(2)体重指数则是由体重(g)除以身高(cm)后得到的数值。一般,我国男性的合理指数为348g/cm,女性的为335g/cm。一般男性450g/cm、女性420g/cm被认为是肥胖的分界线,超过这个数值为肥胖。

(3)胸围指数是指胸围(cm)减去1/2身高(cm)获得的值。男性和女性均以1为标准,大于1,代表胸廓和胸部肌肉拥有良好的发育状态,小于1,则应加强对相应肌肉的训练力度。

(4)肩宽指数应相当于身高的1/4。

(5)腿长指数应相当于身高的1/2。

不同人对形体美有着不同的理解和认知,但通常情况下,人们都希望有一个标准的胸部、修长的脖颈、结实的臂膀和矫健的腿部。男性希望身材魁伟,肌肉健壮,四肢强健,把健、力、美和谐地集于身体中,使身体生机勃勃、威武雄壮。女子既希望身体各部位肌肉匀称和谐地发展,又希望能保持女性曲线美的自然魅力,长期坚持健美操锻炼就可以达到上述目的。

健美操可以使儿童、少年形成标准的身体姿势;使青年人变得更为健壮有力;使中年人肌肉更富有力量,四肢更加强健;对老年人也有一定的延缓衰老的作用。

从以上分析我们可以看出,坚持健美锻炼,可以让人们的身体匀称、和谐、健美地发展,使人动作优美,从而达到塑造健美形体的目标,将追求形体美的理想转化为现实。

3. 陶冶美好心灵

心灵美是一种内在美,是一个人知识水平和内在修养的最有效体现。心灵美在外在形式上,更多地表现为积极健康的意识形态、高雅的品位以及深厚的文化底蕴和文化内涵。对任何人来说,一切活动都离不开思想意识和心理活动的驱动。健美操虽然使人形成外在的形体美,但绝不忽视人内在的心灵美。内外美的统一是社会的需要、人类的愿望。

不同的社会人群,审美观也有着较大差异。随着人类文明的发展,人们对美的认识和要求有了很大的提升,更加喜欢丰满、矫健的躯体,端庄典雅的仪态动作,稳重潇洒的风度。心灵美的人的一举一动处处体现着青春的健美与活力,体现着内在的教养与美德。

健美操不仅是一种形体锻炼形式,而且能够使人们在音乐节奏的带动下涤荡心灵,进而强化对内在美的感知。健美操能够让人们在欢快的乐曲中进行自娱,可以使人们忘掉苦闷和忧伤,恢复心理平衡,静心感悟内在情感。在集体环境下进行锻炼,也容易使人产生归属感、集体感和荣誉感,进而在群体活动中获得身心的放松和愉悦。

因为健美操是在人体生物学、体育美学和人体造型艺术等科学理论指导下形成的,所以它的单个动作和成套动作都有很强的指向性,能够有针对性地培养人们的审美意识、审美情感,对提高参与者对美的鉴赏能力和陶冶美的情操都有积极的推动作用。

同时，加强健美操运动还有医疗保健的功能，控制好运动范围和运动量，可以帮助人们恢复健康。

二、健美操基本动作简介

（一）健美操术语

健美操术语是指描述健美操动作的专用语。

1. 动作方法术语：立、蹲、弓步、点地、踢腿、吸腿、平衡、举、屈、伸、摆动、绕环。

2. 关系术语：同侧、异侧、双侧、单侧、移动、向前、向后、向侧、原地、转体等。

3. 基本动作术语：基本步伐名称术语有踏步、走步、一字步、V字步、并步、交叉步、点地、吸腿、摆腿、踢腿、跑、双脚跳、开合跳、单脚跳、弹踢腿、半蹲、弓步等。常用的手部动作，包括平掌、立掌、花掌、兰花掌等。常用的上肢动作有屈臂、伸臂、侧举、前举、上举、低摆、冲拳、绕、摆动、交叉等。

4. 动作名称的构成：方向和移动术语 + 基本步伐术语 + 关系术语 + 肢体动作术语（上肢动作 + 下肢动作）。例如：向前点地同时两臂上举。

5. 常用健美操动作名称：

向前/后走三步点地	向前/后走三步吸腿
脚尖前点地（脚跟前点地）	脚尖侧点地（脚跟侧点地）
脚尖后点地	上步吸腿
向前摆腿	向侧摆腿
向后摆腿	向前踢腿
向侧踢腿	向后踢腿
向前弹踢腿跳	向侧弹踢腿跳
向后弹踢腿跳	向前并步跳
向侧并步跳	向后并步跳
向前跑	向后跑
前后双跳步	左右双跳步

（二）健美操基本动作术语解释

1. 踏步：两腿原地依次抬腿，依次落地。

2. 走步：迈步向前走四步或向后走四步。向前走时脚后跟先落地，然后过渡到全脚掌，向后走时反之 。要点：脚落地的同时，膝、踝关节要有弹性地进行缓冲。

3. 一字步：一只脚向前一步，另一只脚并于前脚，然后依次退步，还原到开始姿势。要点：迈步向前时，先脚后跟着地，进而向前脚掌过渡，前后均要有并腿的过程，每一拍动作膝关节始终要有弹性地进行缓冲。

4. V字步：一只脚向前侧方迈一步，另一只脚随之向另一方迈一步，双脚呈开立状态，膝关节弯曲，然后依次退回原位。要点：两腿膝、踝关节始终保持弹动的状态，两腿分开后呈分腿半蹲，重心要在两脚之间。

5. 慢步：一只脚向前迈出，屈膝，重心要随之前移，另一只脚稍抬起，然后再原地落下，或者一只脚向后撤一步，重心向后，另一只脚稍抬起，然后再原地落下。要点：两脚始终要保持交替落地，身体重心随之交替变换，但始终要在两脚之间。变化动作：慢步转体。

6. 跑步：两条腿经过腾空，依次落地缓冲，两臂屈肘摆臂。要点：落地屈膝缓冲，脚后跟尽量落地。

7. 并步：一只脚迈出，另一只脚随之并拢屈膝点地；然后再向相反方向迈步。要点：两腿要始终保持弹动，动作幅度和力度可随风格而变换。

8. 迈步点地：一只脚向侧迈一步，两腿经过屈膝移动重心，另一条腿在前、侧、后使用脚跟或脚尖进行点地动作。要点：两膝同时有弹性地屈伸，重心移动的轨迹呈弧形，上体不要转。

9. 迈步吸腿：一只脚迈出一步，另一条腿屈膝抬起，然后再向反方向迈步。要点：屈膝时半蹲，抬膝时支撑腿要稍屈膝。

10. 侧交叉步：一只脚向侧迈一步，然后另一只脚在其后交叉，随之向侧迈一步，同时另一只脚并拢，屈膝点地。要点：迈出第一步后脚后跟先落地，身体的重心快速随着脚步而移动，要保持膝、踝关节的弹动。

11. 脚尖点地：一条腿稍屈膝站立，另一条腿伸出，脚尖点地，然后再还原到并腿姿势。要点：支撑腿要始终保持屈膝站立，并且随着动作有弹性地屈伸。

12. 吸腿：一条腿屈膝抬起，落下还原。要点：支撑腿要保持屈膝弹动，大腿上抬超过水平位置，上体保持直立。

13. 弹踢腿：一腿站立，另一腿先向后屈，然后再向前下方弹踢，还原。要点：腿弹出时要有控制力，保持上体直立。

14. 开合跳：双脚并立跳起，落地时呈分腿，然后再由分腿跳起，并腿落地。要点：分腿时呈屈膝蹲，两脚自然外开，膝关节沿脚尖方向弯曲，膝关节的夹角不小于 90 度，脚后跟落地。

15. 半蹲：两条腿要有控制地屈和伸。可分为并腿半蹲和分腿半蹲两种。分腿半蹲时，两腿左右分开稍微大于肩（或与肩同宽），脚尖稍向外开，屈膝时关节角度不小于 90°，膝关节对准脚尖的方向，臀部向后 45°方向下蹲，上身保持直立。

16. 弓步：两条腿前后分开，两只脚平行站立，蹲下，站起。要点：后腿膝关节向下呈半蹲状，大腿垂直地面，重心始终要在两脚之间。

三、基础动作分解

(一)准备动作

头部

①第1个8拍。

1~2拍: 低头,还原。

3~4拍: 仰头,还原。

5~6拍:左摆头,还原。

7~8拍:右摆头,还原。

②第2个8拍。

1~2拍:左转头,还原。

3~4拍:右转头,还原。

5~6拍:左转头,还原。

7~8拍:右转头,还原。

③第3个8拍。

1~4拍:头部左绕环,一次。

5~8拍:头部右绕环,一次。

肩部

①第1个8拍。

第1拍: 提肩。

第2拍: 压肩。

第3拍: 提肩。

第4拍: 压肩。

5~8拍: 重复。

②第2个8拍。

1~4拍: 前绕肩4次。

5~8拍: 后绕肩4次。

③第3个8拍。

1~4拍: 前绕肩2次。

5~8拍: 后绕肩2次。

胸部

①第1个8拍。

1~4拍:垂臂,含胸2次。

5~8拍:垂臂,挺胸2次。

②第 2 个 8 拍。

1 ~8 拍:垂臂,含胸 1 次,挺胸 1 次。

③第 3 个 8 拍。

1 ~4 拍:屈肘,含胸 2 次。

5 ~8 拍:屈肘,挺胸 2 次。

④第 4 个 8 拍。

1 ~8 拍:屈肘,含胸 1 次,挺胸 1 次。

⑤第 5 个 8 拍。

1 ~4 拍:直臂,含胸 2 次。

5 ~8 拍:直臂,挺胸 2 次。

⑥第 6 个 8 拍。

1 ~8 拍:直臂,含胸 1 次,挺胸 1 次。

腰部

①第 1 个 8 拍。

第 1 拍: 左摆腰,双臂体侧。

第 2 拍: 右肩前倒,同左肩水平。

第 3 拍: 还原到第 1 拍位置。

第 4 拍: 正位。

5 ~8 拍: 重复 1 ~4 拍动作,方向相反。

②第 2 个 8 拍。

重复做上面动作。

(二)跑跳操

第一组合

走步、吸腿、并步、V 字步、开合跳小组合　4 ×8 拍。

①第 1 个 8 拍。

1 ~4 拍:左脚起向前走 3 步,右腿吸腿。

5 ~8 拍:右脚起向后走 3 步,左腿吸腿。

②第 2 个 8 拍。

1 ~2 拍: 向左并步,双臂左摆。

3 ~4 拍: 向右并步,双臂右摆。

5 ~8 拍: 向左跳并步,双臂大幅度环绕,摆至左方。

③第 3 个 8 拍。

1 ~4 拍:右脚起“V”字步。

5 ~8 拍:叉腰,开合跳,两次慢。

④第4个8拍。

1~4拍:叉腰,开合跳,一次慢。

5~8拍:叉腰,开合跳,两次快。

第二组合

并步,吸腿　1×8拍。

1~2拍: 向左跳并步,双臂左摆。

3~4拍: 向右跳并步,双臂右摆。

5~6拍:叉腰,右腿吸腿。

7~8拍:叉腰,左腿吸腿。

走步顶髋　2×8拍。

①第1个8拍。

1~4拍:左脚向前走4步。

5~8拍:左右顶髋,叉腰或屈肘左右摆动。

②第2个8拍。

1~4拍:左脚向后退4步。

5~8拍:左右顶髋,叉腰或屈肘左右摆动。

走步,吸腿,转身　2×8拍。

①第1个8拍。

1~4拍:左脚向前走4步。

5~6拍:左点步,吸右腿同时左转身并击掌。

7~8拍:右点步,吸左腿同时左转身并击掌(5~8拍转身180度)。

②第2个8拍。

1~8拍:做以上动作的反方向动作,回到原地位置。

V字步,并步　2×8拍。

①第1个8拍。

1~4拍: V字步,双脚收回时击掌2次。

5~8拍:并步,双臂半握拳,屈肘向上,进行左右打开、小臂相合动作。

②第2个8拍。

重复第1个8拍动作。

前、后并步跳,摆腿跳　2×8拍。

①第1个8拍。

1~4拍: 向前并步跳2次,手臂自然弯曲。

5~8拍: 摆腿跳2次,手臂斜前方伸展。

②第2个8拍。

1~4拍: 向后并步跳2次,手臂自然弯曲。

5 ~8 拍:摆腿跳 2 次,手臂斜前方伸展。

左、右并步跳,摆腿跳　2 ×8 拍。

①第 1 个 8 拍。

1 ~4 拍: 向左并步跳 2 次,手臂自然弯曲,向左画 2 圈。

5 ~8 拍: 摆腿跳 2 次,手臂斜前方伸展。

②第 2 个 8 拍。

1 ~4 拍: 向右并步跳 2 次,手臂自然弯曲,向右画 2 圈。

5 ~8 拍: 摆腿跳 2 次,手臂斜前方伸展。

(三)健美操

一字步,吸腿跳　2 ×8 拍。

①第 1 个 8 拍。

第 1 拍:左脚向前一步,重心随之前移,双手握拳,胸前交叉。

第 2 拍:左腿屈膝,点跳一次,右腿吸腿,双臂打开上举。

第 3 拍:右脚还原,双手握拳,胸前交叉。

第 4 拍:左脚还原,双臂下摆。

第 5 ~8 拍:重复 1 ~4 拍动作,但脚的方向相反。

②第 2 个 8 拍。

重复第 1 个 8 拍动作。

V 字步　2 ×8 拍。

①第 1 个 8 拍。

第 1 拍:右脚向右前方迈一步,同侧伸直右臂。

第 2 拍:左脚向左前方迈一步,同侧伸直左臂。

第 3 拍:左脚还原,双臂胸前半直臂交叉。

第 4 拍:右脚还原,双臂还原正位。

第 5 ~8 拍:重复 1 ~4 拍动作,或者改变做 V 字步动作方向。

②第 2 个 8 拍。

重复第 1 个 8 拍动作。

小马跳　2 ×8 拍。

①第 1 个 8 拍。

第 1 拍:左脚向左侧跳一步,左移重心,右脚立半脚尖随之跟上,双臂侧平举,随之右小臂向头部摆动,立掌。

第 2 拍:左脚点跳,右脚脚掌随之踏地,重心在左脚。

第 3 ~4 拍:与 1 ~2 拍动作相同,但方向相反。

第 5 ~8 拍:重复 1 ~4 拍动作。

②第 2 个 8 拍。

重复第 1 个 8 拍动作。

迈步,点地　2×8 拍。

①第 1 个 8 拍。

第 1 拍:左脚向左侧迈一步,同时双臂握拳于两侧腰间。

第 2 拍:右脚点地,右臂左上方冲拳,用力蹬直右腿,重心在左腿。

第 3 ~4 拍:与 1 ~2 拍动作相同,但方向相反。

第 5 ~6 拍:分腿跳,半蹲,双手握在膝盖上部。

第 7 ~8 拍:并脚跳,击掌。

②第 2 个 8 拍。

重复第 1 个 8 拍动作。

走步、弹踢腿　2×8 拍。

①第 1 个 8 拍。

第 1 ~4 拍:左脚向前走 4 步。

第 5 ~8 拍:左右脚依次弹踢腿,双臂前摆随之还原。

②第 2 个 8 拍。

重复第 1 个 8 拍动作。

后并步,摆单腿　2×8 拍。

①第 1 个 8 拍。

第 1 拍:左脚向后一步,身体面向左侧,双臂打开,立掌。

第 2 拍:右脚并步,同时于胸前击掌,重心在左脚。

第 3 拍:身体转向右侧,随之右脚向后一步,双臂打开,立掌。

第 4 拍:左脚并步,同时于胸前击掌,重心在右脚。

第 5 ~6 拍:左脚向左侧一步,重心左移,双腿稍屈,随之跳起,摆右腿,同时双臂打开上举。

第 7 ~8 拍:右脚左前方慢步,双臂抱拳。

②第 2 个 8 拍。

重复第 1 个 8 拍动作。

(四)轻松健美五分钟

并步跳　2×8 拍。

①第 1 个 8 拍。

第 1 拍:右脚向右侧迈一步,双手胸前击掌。

第 2 拍:右移重心,左脚并拢,随之双腿屈膝弹动,双臂握拳,向后自然摆动。

第 3 ~4 拍:与 1 ~2 拍动作相同,但方向相反。

第 5 ~8 拍:重复 1 ~4 拍动作。

②第 2 个 8 拍。

重复第 1 个 8 拍动作。

侧后点地,叉腰位　2 ×8 拍。

①第 1 个 8 拍。

第 1 ~2 拍:右脚向右侧迈一步,随之左脚在后面点地,脚掌用力蹬,使左腿伸直。

第 3 ~4 拍:与 1 ~2 拍动作相同,但方向相反。

第 5 ~8 拍:重复 1 ~4 拍动作。

②第 2 个 8 拍。

重复第 1 个 8 拍动作。

侧后点地　2 ×8 拍。

①第 1 个 8 拍。

第 1 ~2 拍:下肢动作相同。双手握拳于胸前交叉,拳心向外。双臂打开,体侧下摆,掌心朝前。

第 3 ~4 拍:下肢动作与 1 ~2 拍相同,但方向相反。上肢动作相同。

第 5 ~8 拍:重复 1 ~4 拍动作。

②第 2 个 8 拍。

重复第 1 个 8 拍动作。

侧后点地　2 ×8 拍。

①第 1 个 8 拍。

第 1 拍:下肢动作相同,叉腰。

第 2 拍:右手握拳,由体侧向上大幅度摆动。

第 3 ~4 拍:与 1 ~2 拍动作相同,但方向相反。

第 5 ~8 拍:重复 1 ~4 拍动作。

②第 2 个 8 拍。

重复第 1 个 8 拍动作。

分腿半蹲,叉腰位　2 ×8 拍。

①第 1 个 8 拍。

第 1 拍:右脚向右侧迈一大步,半蹲,重心随之右移。

第 2 拍:左脚并步,双腿立直。

第 3 ~4 拍:同 1 ~2 拍动作。

第 5 ~8 拍:右脚在右侧点地,双臂前后摆动,依次进行踏步动作。

②第 2 个 8 拍。

重复第 1 个 8 拍动作。

分腿,半蹲,侧摆臂　4×8 拍。

①第 1 个 8 拍。

第 1 拍:下肢动作与上一节相同,同时双臂侧平举。

第 2 拍:右手小臂向胸前摆动。

第 3~4 拍:右手小臂向侧摆动,随之再次摆至胸前。

第 5~8 拍:同上一节 5~8 拍动作。

②第 2 个 8 拍。

重复第 1 个 8 拍动作。

走步,脚尖点地,叉腰位　4×8 拍。

①第 1 个 8 拍。

第 1~2 拍:右脚脚尖前点地随之落地,重心前移随之稍向右转体。

第 3~4 拍:左脚脚尖前点地随之落地,重心前移随之稍向左转体。

第 5~8 拍:依次重复 1~4 拍动作。

②第 2 个 8 拍。

第 1~4 拍:左手臂侧平举,右脚起踏步走,左绕圆,回到原地。

第 5~8 拍:原地踏步,左手叉腰,右手小臂依次向上、向侧摆动。

绕单臂(下肢动作与上一节 1~2 拍动作相同)　2×8 拍。

①第 1 个 8 拍。

第 1~2 拍:屈右臂,肘关节顺时针在胸前绕一下,随之放下。

第 3~4 拍:屈左臂,肘关节顺时针在胸前绕一下,随之放下。

第 5~8 拍:依次重复 1~4 拍动作。

②第 2 个 8 拍。

动作同上一节第 2 个 8 拍动作。

第二节　瑜　　伽

随着科技不断飞速发展,医疗技术水平也得到突飞猛进的提升。但是人类面对许多疾病仍然束手无策,高科技的医疗技术有时还是治疗不了这些疾病。

现代人总是千方百计地想要摆脱疾病的阴影。瑜伽在一定程度上可以说是健康生活的一门“技术”。瑜伽的自然疗法强调借助人本身的力量,透过瑜伽的“呼吸、意识、体位法”,达到治疗与预防的双重效果。

一、瑜伽简介

(一)瑜伽的含义

瑜伽译自梵语 Yoga,它的含义即“一致”、“结合”与“和谐”。瑜伽是一个通过提升意识，帮助人们充分释放潜能的修行方法。瑜伽姿势运用通俗易懂的技巧，改善人类生理方面、心理方面、情感方面以及精神方面的状况，是一种将身体和心灵与精神高度统一的运动。古印度人更倾向于天人合一的思想，他们将不同的瑜伽锻炼方式融入人们日常生活中，其思想为忘我的动作、稳定的头脑、无欲无求的冥想和宇宙的自然创造。

（二）瑜伽的分类

瑜伽的体系和流派诸多，处于主流地位的有智瑜伽、业瑜伽、王瑜伽等六大类。

瑜伽认为精神与身体是不可分的，不管是什么瑜伽体系，对练习者来说都有着通往精神世界的路径，又因为每种瑜伽用到的工具不一样，所以其练习方法也有着许多不同之处，只不过现代人经常强调自己使用的工具非常好，于是不经意间忽略了其他的使用工具。这样的思想影响着众多现代人。希望我们可以更好地明白瑜伽本身的特点，也因这些特点而对瑜伽这个运动充满热情和兴趣，也希望大家重视瑜伽本身所提倡的更为重要的科学理念。

（三）瑜伽的起源

几千年前，古印度的高僧们追求心神合一的最高境界，于是远居原始森林，经常静坐冥想。在长时间的隐居生活中，印度高僧们通过观察自然生物感悟到了许多大自然的法则，于是将生物的生存法则延伸到人类的身上，逐步感应身体内部的微妙变化。最后人类开始和自己的身体进行对话，从而开始探索自己的身体，进行健康的维护和调理以及对疾病的医治。几千年来的钻研归纳之后，人们逐步创造出一套理论完整、确切实用的养生健身体系，这就是瑜伽。

人体的神经系统和主要器官的状况在很大程度上决定着一个人的健康程度。有规律的瑜伽练习可以帮助我们消除心理紧张，缓解疏忽身体健康或提早衰老而造成的体能下降。因此，长期坚持练习瑜伽能保持身体活力，令大脑思路清晰。

现代生活节奏快，竞争压力较大。不过适度的压力有利于激发兴趣、振奋精神，使人元气满满。这种压力倘若超过我们身体所能承受的限度，身体就会感到紧张不适，自我免疫力下降，体力不支，出现肌肉紧张、脊椎疼痛、疲惫不堪、呼吸短促甚至神志不清等症状，最后引发心理上的挫败感。

（四）瑜伽的发展历史

现代学者将瑜伽分为三个时期：

1. 前古典时期

从诞生到《梨俱吠陀》的出现，瑜伽原始发展大概有3000多年的时间，瑜伽由一个原始的哲学思想逐渐发展成为修行的法门，其中的静坐、冥想及苦行，是瑜伽修行的中心。

2. 古典时期

从《吠陀经》开始对瑜伽有文字记载，到《奥义书》中有明确的对瑜伽的解释和阐述为止,《薄伽梵歌》完成了瑜伽行法与吠檀多哲学的合一,使瑜伽这一民间的灵修实践变成正统,由强调行法到认为行为、信仰、知识三者并行不悖。

3. 后古典时期

从《瑜伽经》以后,瑜伽步入后古典时期。在这一时期,人们认为纯粹认知、推理甚至冥想都不是达到解脱的唯一方法,必须通过苦行的修炼技术所导致的生理转化和精神体会,才能使人达到梵我合一的境地。这是后古典时期瑜伽的精华。

二、瑜伽的理论与修习方法

(一)瑜伽与印度哲学

瑜伽的历史已有数千年,钵颠阇利所著的《瑜伽经》是瑜伽派经典之作。严格意义上来说,瑜伽是一种身心锻炼的统称,也是一个身心修炼的通泛名词。

古印度的宗教哲学派别林立,不过有两本著作被大多数印度人尊为经典:一是《奥义书》,二为《薄伽梵歌》。古印度婆罗门教提倡"梵我一如"理论。由于印度教的普及,加上既是有名的瑜伽祖师同时也是印度教祖师的商卡拉的影响,这两本书也被后来的大多数瑜伽练习者奉为经典。瑜伽术本是一种身心修持术,与宗教无关,也可以说古印度任何宗教都采用。它的最高目的是实现人的一切可能,从精神(小我)与自然(梵,大我,最高意识)的合一(即"梵我一如")。

(二)瑜伽的修习方法

瑜伽修习的方法可分为七个阶段。

1. 道德规范

首先是道德。若无道德,任何功法都不会练好,因此瑜伽的练习必须以道为指导,以德为成功之母。道德在瑜伽中的基本内容是非暴力、真实、不偷盗、节欲和无欲。这是瑜伽首先要求修持者要遵守的道德规范。

2. 自身的内外净化

外净化为端正行为习惯,努力美化周围环境;内净化为根绝六种恶习,即欲望、愤怒、贪欲、狂乱、恶意、嫉妒。

3. 体位法

这种姿势锻炼可以净化、保护和治疗身心。体位法的种类诸多,体位法锻炼能对人体的肌肉、消化器官、腺体、神经系统和其他组织起到良好的保健作用。它不仅有利于提高身体素质,还可以提高精神素质,使人的肉体与精神达到平衡。

4. 呼吸法

这是指有意识地延长吸气、屏气、呼气的时间。吸气是接受宇宙能量的动作。屏气是使宇宙能量活化。呼气是去除一切思考和情感,同时排除体内废气、浊气,使身心得到安定。

5. 控制精神感觉

精神在任何时候都处于两个相反的矛盾活动中，即欲望和感情相纠缠；其次是同自我相联系的活动。控制精神感觉就是抑制欲望，使感情平和下来。

6. 冥想、静定状态

冥想与静定状态只有通过实际体验能理解和感受，难以描述。

7. 坚持者进入“忘我”状态

即意识不到自己的肉体在呼吸、自我精神和智性的存在，已进入了无限广阔的宁静世界。

以上七个阶段综合起来即瑜伽。这七个阶段又可分四个步骤来实现。

第一步：第 1 和第 2 阶段是思想基础、思想准备。

第二步：第 3 和第 4 阶段是肉体训练，通过各种姿势训练达到去病强身的目的。

第三步：第 5 和第 6 阶段进行初步静坐修持静功。

第四步：最后的阶段是高层次的修持，进入忘我阶段。

三、瑜伽练习的误区

关于瑜伽练习的一些误区

误区一：只有身体柔软的人才适合练习瑜伽。

练习瑜伽身体才变得柔软，而非身体柔软的人才适合练习瑜伽。此外，瑜伽讲求适度即可，而并不追求动作完成的幅度大小，只要练习者尽力而为便可达到理想的效果。

误区二：瑜伽就是一种减肥运动。

瑜伽练习的最终目的是达到身（身体）、心（思维、情绪等）、灵（感知事物的本能）三者的平衡，因此练习者不仅获得了身体的健康，还获得了心理的健康和本能的发展。就健身而言，瑜伽的作用还包括调节内分泌，治疗和辅助治疗疾病，减缓疲劳和压力等。因此，仅仅把瑜伽当作是一种减肥运动是不正确的，减肥只是练习瑜伽的目的之一。

误区三：瑜伽是一种女性化的运动。

瑜伽虽然在女性群体中受到了莫大的欢迎，但瑜伽并非女性的专利。因为，瑜伽最初的练习者（或称发明者）全是男性，该点可从瑜伽的很多动作上得到证实。此外，当今知名的瑜伽大师几乎全是男性。

误区四：瑜伽需要团体练习才有氛围。

团体练习固然有好的氛围，但瑜伽本质上是一种自我修习的方式，因此，瑜伽的自我练习更容易使人全身心投入，从而收到事半功倍的效果。

误区五：瑜伽就像柔术或舞蹈。

瑜伽同柔术、舞蹈的练习目的完全不同，柔术和舞蹈是以表演为主要目的的，而瑜伽是通过体位、呼吸、冥想、放松等多种技法的配合，达到完全的健康和自我修习的目的。因此，瑜伽同柔术、舞蹈虽然形似，却神差千里。

误区六：坚持练习是一件痛苦的事。

瑜伽并非是一种累人的运动，相反，它可以解除疲劳、焕发精神。每天练习完瑜伽就像做了一个从内脏、腺体到肌肉、骨骼甚至是大脑的全身休闲按摩，十分舒适。此外，任何一种健身运动都需要长期的坚持才会收到良好的效果、取得傲人的成绩！

四、瑜伽的优势与特色

（一）瑜伽的优势

瑜伽的好处数不胜数。长期练习瑜伽姿势、调息法及放松法对身体有益，尤其是对糖尿病、高血压、饮食失衡、关节炎、动脉硬化、静脉曲张、哮喘等慢性疾病患者有帮助。有研究显示，长期练习瑜伽的人比普通人更懂得控制自身的体温、心跳频率和血压水平。近年来，医学界已证实瑜伽可以在一定程度上有效调节神经系统及内分泌系统，进而改善个人整体健康。

（二）瑜伽与一般运动的不同之处

瑜伽的修习必须集中意识，使身体在某种姿势下静止一段时间，从而达到身心的统一。它可使身体内分泌平衡，四肢均衡发展，全身舒畅，心灵平静，内在充满能量。

五、练习瑜伽的准备工作与注意事项

（一）准备工作

1. 时间

一般来说，人们都是利用早晨、中午、黄昏或睡前来练习瑜伽。其实，只要保证空腹的状态，一天中的任何时间都可以练习。换句话说，饭后（3 小时之内）是不宜练习瑜伽姿势的。在真正的瑜伽行者看来，清晨 4 ~ 6 点才是练习瑜伽的最佳时刻，因为此时周围万籁俱寂，大气最为纯净，肠胃活动基本停止，大脑尚未活跃起来，人容易进入瑜伽的深层练习状态。

2. 地点

练习瑜伽最好能在干净、舒适的房间里，有足够的伸展身体的空间，避免靠近任何家具。房间内空气清新、流通，并且能自由地吸入氧气。最好摆上绿色植物或鲜花，也可播放轻柔的音乐来帮助松弛神经。

当然，练习者也可以选择在露天的自然地面练习，比如花园等环境较好的地方，千万不要在大风、寒冷或有污染的环境中练习，也不要在太阳直射下练习。

3. 衣着

练习瑜伽应穿着宽松柔软的衣服，以棉麻质地为佳，必须保证透气和练习时身体不受拘束。鞋子必须脱掉，袜子最好也脱掉，手表、眼镜、腰带以及其他饰物都应摘下。

4. 道具

练瑜伽当然以使用专业的瑜伽垫为宜，当地面太硬或不平坦的时候，瑜伽垫能发挥缓冲作用，帮助身体保持平衡。但是，如果没有专业的瑜伽垫，铺上地毯或对折的毛毯也可。不要在过硬的地板或太软的床上进行练习，同时注意不能让脚下打滑。很多瑜伽姿势都可使用相应的道具，帮助练习者进行循序渐进的练习，同时更准确地掌握每一个姿势传达给身体的感觉。

5. 沐浴

沐浴前20分钟内不要练习瑜伽，因为瑜伽练习会使身体变得极其敏锐，此时若给予忽热忽冷的刺激，反而会伤害身体，消耗身体内储存的能量。沐浴后20分钟内也不宜练习瑜伽，因为沐浴后血液循环加快，筋肉变软，如果马上练习瑜伽，不仅容易使身体受伤，而且会导致血压升高，心脏负担加重。心脏病、高血压、甲亢等疾病患者尤其要注意这一点。

6. 饮食

如前所述，饭后三小时之内不宜练习瑜伽姿势。但是，练习者可以在练习前一小时左右进食少量的流质食物或饮料，比如牛奶、酸奶、蜂蜜、果汁等；练习时，可以喝一点清水以帮助排出体内毒素。瑜伽练习结束一小时后进食最好。最好吃一些天然的食品，避免食用一些油腻、辛辣或导致胃酸过多的食品。进食要适可而止，吃得太饱会让人感到烦闷和懒惰。另外，练习瑜伽后饭量减少，排气、排便增加属于正常现象。

（二）瑜伽练习的注意事项

所有的运动在开始之前都会有一些说明及注意事项，瑜伽也不例外，在此我们将简单地说一些瑜伽练习的注意事项以及为什么会有这些注意事项。

1. 瑜伽宜保持空腹状态练习

饭后三到四个小时，饮用流质食物或饮料后1个小时左右练习为佳，练习中另有规定的不依此例。瑜伽的动作都是弯、伸、扭、推、挤。弯、伸、扭、推、挤是瑜伽的特点。此外，瑜伽整个练习过程大量排汗，水分流失过多，练习中可小口饮用一些水。

2. 瑜伽练习宜依据个人情况适度选择动作难易度

做各种瑜伽练习一定要在极限的边缘温和地伸展身体，千万不要用力推拉牵扯，超出自己极限边缘的动作就是错误的练习。

3. 瑜伽练习宜量力而行

如果在练习的过程中出现体力不支或身体颤抖，请即刻收功还原，不要勉强坚持。

六、练习瑜伽的饮食习惯

瑜伽哲学认为，食物同时具有生理和心理的作用，有些食物有益，有些食物有害。

(一)刺激性食物

瑜伽称刺激性食物为“变性食物”，在提供热量的同时也刺激身心。这种食物具有刺激性，并且含有咖啡因，如果消耗过多刺激性食物，它将刺激内分泌系统和神经系统，使大脑激动起来，从而与瑜伽的平静知足背道而驰。

(二)压抑性食物

瑜伽称压抑性食物为“惰性食物”。此类食物扰乱身心安定，使人易怒、易妒，变得懒惰萎靡。这种食物具有一定的抑制作用，让我们丧失能量，毒害我们的身体系统。压抑性食物包括不新鲜的、没味道的、腐烂或过熟的食物，例如罐头、冷冻、经过加工或腐烂的水果、肉类和酒精类饮料等。

(三)健康食物

瑜伽称健康食物为“悦性食物”。它们能给身心带来纯净和愉悦的感受，促进生长。这种食物非常干净鲜活。例如新鲜水果和蔬菜、坚果、种子、豆制品、粮食、奶制品和蜂蜜。

(四)健康饮食习惯的一般性指导原则

健康的饮食习惯是坚持只进食乳品、蔬菜类食物，包括水果、蔬菜、坚果、种子、豆制品、粮食、奶制品和蜂蜜，而不吃刺激性和压抑性食物。健康饮食习惯中最重要的一点是，尽量在食物处在最自然状态时摄取它，这时食物是最新鲜的，也是最有营养的，并且充满着活力。

值得注意的是：在对自己的饮食习惯做出重大改变之前，请先咨询一下保健医生。因为这是一个解毒过程，可能出现一些暂时的不适症状，可以通过使用草药或采取其他医疗措施来缓和这些症状。

(五)练瑜伽应该多吃的四种素食

1. 蔬果汁

蔬果汁取材很方便，制作方法也很简单。制作方法如下：把洗干净的新鲜蔬菜或水果放入有水的锅中，通过长时间的炖熬，蔬菜或水果的颜色和营养会溶解到水里，把炖烂的蔬菜或水果捞出去，在汤中放入盐和糖，等到温度合适时饮下汤汁。

2. 沙拉

所有可生吃的蔬菜都可以做成沙拉，如黄瓜、西红柿、胡萝卜、莴苣、卷心菜等。

3. 新鲜水果

对于任何人来说，水果总是有营养的食物。为了使瑜伽练习取得良好的效果，吃新鲜水果是非常重要的。这并不是说必须吃昂贵的水果，一般常见的水果都有丰富的营养，只要是新鲜水果即可。

4. 生坚果

建议大家吃一些从硬壳剥出来的生坚果，如榛子、开心果、杏仁、核桃仁等，把这些坚果混合起来，每天只需要吃一小把。生坚果具有使体内生热的功能，所以宜于冬天食用，夏季可以少吃。

七、瑜伽的姿势功法

（一）瑜伽基本姿势及作用

（1）坐姿：前倾式

向前倾的坐姿不仅能安抚整个神经系统，还能使大脑镇定下来。特别是对初学瑜伽的人来说，前倾的坐姿要比前倾的站姿容易完成一些，因为完成前倾的站姿需要多花一点力气，而且要具备一定的平衡能力。

（2）坐姿：后仰式

后仰式坐姿一般要求身体强而有力，同时，后仰式还是加固和调养身体的很好方式，特别是对背部、腿部和臀部的肌肉具有很好的调节作用。如果练习者觉得自己不具备做后仰式的力量，可先练习难度低一点的站姿。

练习后仰式的好处很多。后仰式能增强脊椎骨的灵活性，帮助改善站姿和坐姿，并保持脊椎的弹性；它还能增加脊椎区域和从脊椎延伸出来的神经的血液供应，而使神经系统受益；伸展腹部区域，能在很大程度上帮助消化，因为它能调理在一般情况下比较弱的腹部肌肉和消化器官；它还能扩展和打开胸部区域，增加肩膀的灵活性，从而帮助胸部得到更大的扩展；它能为深呼吸创造更好的条件，使呼吸系统也受益。

后仰式主要分为猫伸展式、骆驼式、眼镜蛇式、蝗虫式、弓式、鱼式、狗伸展式、桥式等。

（3）坐姿：脊椎扭曲式

脊椎扭曲式坐姿对排列各个脊椎骨的位置特别有用，它能有效地扭曲腰部以上的脊椎。这些姿势能够温柔地按摩腹部区域的内脏，并提供新鲜的血液滋养这些器官。脊椎扭曲式让神经系统的神经中枢重新焕发活力，这些神经中枢从脊椎一直延伸到身体外围。所以这些姿势对神经系统的影响比任何其他类别的姿势都大，特别是对迷走神经的影响。我们可以通过瑜伽脊椎扭曲式使身体的各个微妙的部分充满活力。

脊椎扭曲式主要分为坐扭曲式、新月式等。

（4）站姿

站姿主要分为山式、蹲伏式、弯腰伸展式、侧面弯腰伸展式、战士第一式、战士第二式、三角伸展式、翻转三角式、侧三角伸展式等。

(5)平衡的姿势:站立和手的平衡

它是指通过平衡或均等地使用身体,使身体灵活地移动、摆姿势和协调四肢。它能使你的大脑宁静安详,注意力集中。

平衡姿势主要分为树式、战士第三式、半月式、鹰式、舞蹈式、平衡式、支架式、斜支架式、孔雀式、后仰支架式、乌鸦式、手倒立式等。

(6)倒立的姿势

倒立姿势是瑜伽训练中不可或缺的一部分。它能通过各种各样的方式影响身体的机能,使我们得到生理、心理和精神上的益处,而且倒立姿势还能使整个系统重新充满活力。

倒立姿势主要分为肩倒立式、犁式、蝎子式、头倒立式等。

(7)休息和放松的姿势

有效动作在发挥最大能量时,往往就是人体最放松的时候。放松的姿势主要分为仰卧放松功、卧英雄功、半身仰卧放松功等。

(二)瑜伽的呼吸和调息

1. 腹式呼吸法

(1)身体放松,仰卧。

(2)一手轻轻放在肚脐上。

(3)吸气,将空气不经肺部而吸进腹部的位置,吸到不能吸为止。此时会感到手在腹部微微地被抬起。

(4)吐气,将腹部向内脊椎方向收,借收缩腹部动作将空气呼出。

2. 胸式呼吸

(1)仰躺或是背挺直坐着。

(2)吸气,将空气吸入肺部的位置,胸部鼓起,吸气越深,腹部越会往脊椎方向收入。

(3)吐气,肋骨会渐渐向下并往内收。

3. 完全呼吸

(1)先轻轻吸气,吸到腹部的位置,当这个区域已饱满时,氧气开始充满胸部区域下半部的位置,渐渐地再充满至胸部区域的上半部位置。尽量将胸部吸满,扩张至最大程度。

(2)吐气。先要放松胸部的位置,再放松腹部的位置。

(3)用收缩腹部肌肉的方式来结束呼气。这是为了确保将肺里的空气完全排出。

(4)重复以上的动作,循环往复。

(三)瑜伽的姿势

1. 拜日式

(1)挺身站立,但是要放松,两只脚靠拢,双手在胸前合十,正常地呼吸。

(2)两只脚平放在地上,把双臂高举在头上(举臂时,两手食指相对,掌心向前),缓慢而深长地吸气,上身自腰部起向后方弯下。在做的过程中,两腿、两臂都伸直;上身向后弯以增加脊柱的弯度。

(3)一面呼气,一面慢慢向前弯身,用双掌或两手手指触及地板(不要弯曲双膝),以不感到太费力为限,尽量使头部靠近双膝。

(4)一面保持两掌和右脚在地板上稳定不动,慢慢吸气,同时把左脚向后伸展,慢慢把头向后弯,胸部向前方挺出,背部则成凹形。

(5)一面慢慢呼气,一面把右脚向后移,使两个脚靠拢,臀部向上方抬起。两脚脚跟尽量压向地面,两臂和两腿伸直,身体应该像一座桥的样子。

(6)一面吸气,一面让臀部微微向前方移动,一直到两臂垂直于地面为止。

(7)然后蓄气不呼,弯曲两肘,膝盖着地,把胸膛朝着地板方向放低,保持胸部略高于地面,一边慢慢呼气,一边把胸部向前移。

(8)直到腹部、两条大腿接触地面,吸气,同时慢慢伸直两臂,上身从腰部向上升起。背部应成凹形,头部像眼镜蛇那样向后仰起。

(9)呼气,同时把臀部抬高到空中。

(10)一边吸气,一边弯曲左腿并向前迈一大步,左脚脚趾与两手指尖平行。向上看,胸膛向前挺,脊柱成凹形。

(11)一边保持两掌放在地板上,一边慢慢呼气,把右脚收回与左脚并拢,伸直双腿,尽量使头部靠近双膝。

(12)吸气,两臂伸直慢慢抬高,同时慢慢抬起身体,两臂和背部向后弯。

(13)一边呼气,一边将手臂收回,两手在胸前合十,恢复到开始的姿势。

向太阳致敬式的益处:

向太阳致敬式可以对身体各个系统产生良好影响,如消化系统、肌肉系统等,有助于各个系统互相达到和谐状态。

2. 半舰式

(1)坐着,两腿向前伸直。

(2)十指相交,放在头后。

(3)呼气,身体微微向后倾,两脚离开地面,伸直脚趾。

(4)双膝不要弯曲,全身重量应用臀部来平衡,背部任何部分绝不触及地面。

(5)脚指头与头的顶端处于同一高度,两腿应与地面呈 30 ~ 40 度的角。

(6)保持此姿势 20 ~ 60 秒。

(7)力图正常地呼吸,不要悬息,也不要深深呼吸。

半舰式的益处：

这个姿势可以强壮双腿、腹部和背部，增加这三处的力量，它也强壮神经系统、脾脏、肝脏和胆囊。

3. 半蝗虫式

(1)俯卧，下巴着地，双手握拳置于体侧。

(2)将掌心朝上，放于大腿根处。

(3)吸气，收紧臀肌，用力向上抬高双腿，脑门贴地，双臂用力压地。保持10~20秒，自然地呼吸。

(4)呼气，腿落下还原，下巴着地，深呼吸一次，反复做三次。

半蝗虫式的益处：

提高臀位线，收紧臀肌，加强腰、背部肌肉。

4. 铲斗式

(1)按基本站姿站立，两脚分开。

(2)两臂上举，手腕放松，手指自然垂落。

(3)深吸一口气，然后呼气，以腰为轴，上体快速垂下，两手臂在两腿间自然摆动。

(4)吸气，以腰为轴，从下背到中背、上背、颈椎、头，逐渐抬高上体，重复此姿势三次。

铲斗式的益处：

此姿势将内脏颠倒过来，放松所有内脏器官。一股新鲜血流流入脑部，增加了血液中氧的含量。脊柱神经受到滋养，安神、补气，消除神经的紧张，清新头脑。高血压、低血压病人、眩晕病人和经期妇女勿做此练习。头部受过伤害的人在征得医生同意后方可做此姿势。

5. 船式

(1)仰卧在瑜伽垫上，身体放松，呈一条直线，两腿伸直，脚跟并拢，两臂平放于身体两侧，掌心向下。

(2)吸气，抬起上身，两臂朝前平举，手指尖指向脚的方向，同时将两腿抬离地面。眼睛尽量往前看或看着脚尖，体会腹部紧绷的感觉。头部和脚跟离地面大约30厘米。屏气，保持此姿势6~12秒。呼气，全身放松仰卧，做3次深呼吸。

(3)吸气，然后把头、腰、背、两臂抬离地面，只保留臀部支撑全身重量。头部尽量与地面垂直，眼睛保持平视。头部和脚跟离地面30厘米以上，两臂向前伸直，双手握拳并拢，拳心向下，屏息6~12秒。

(4)呼气，恢复平躺姿势，全身放松休息并做3~6次呼吸。然后重复练习3~6次。这一姿势对消除紧张、清醒头脑特别有益；有助于强健腰、背部肌肉，减少女性生产时的痛苦；促进肠道蠕动，改善消化功能，有助于消灭肠胃中的寄生虫；强健肌肉，放松关节；分解腰部、腹部脂肪。

6. 顶峰式

(1)跪下,臀部放在两脚脚跟上,脊柱挺直。两手放在地上,抬高臀部,两手、两膝着地跪下来。吸气,伸直两腿,将臀部升得更高。

(2)双臂和背部应形成一条直线,头部应处于两臂之间。整个身体应像一个三角形的样子。

(3)将脚跟放在地面上。如果脚跟不能停留在地面上,就让脚跟上下蹦弹,来帮助伸展腿腱。正常地呼吸,保持这个姿势约1分钟。呼气,恢复两手、两膝着地的跪姿,重复做6次。

顶峰式的益处:

这是一个强身效能极为显著的姿势。它能消除疲劳,帮助恢复精力;使心跳频率减慢;伸展和加强小腿、双踝和跟腱力量;消除脚跟疼痛和僵硬感;软化跟骨刺;强壮坐骨神经。

7. 动物放松功

(1)坐下,两腿向前伸直。

(2)把右脚抵住臀部。

(3)把左脚向后方伸展,左脚跟挨着左大腿的臂侧。

(4)吸气,慢慢把两手伸高到头的上方。

(5)呼气,把上身弯下来,弯到右膝的上方。

(6)把头放在地面上,在缓慢而平稳呼吸的同时保持此姿势1~2分钟。

(7)吸气,慢慢地抬起上身,恢复到两臂高举过头的姿势。

(8)交换两腿位置,重复这个练习。

动物放松功的益处:

这种放松姿势滋养、强壮神经系统,增强腹部肌肉群,放松肩、髋和膝等关节。人们常常把它用作冥想前预备功。

8. 排浊气式

(1)蹲下,两膝分开,双脚平放在地上。

(2)两肘顶住两膝的内侧,把两手手指放在两脚脚底之下。

(3)深深吸气,呼出,一边低下头,一边伸直两腿。

(4)保持这个姿势约6秒。

(5)两手继续保持放在两脚底下,恢复蹲下的姿势。重复做这个练习7~10次。

排浊气式的益处:

对腹部脏器来说,这个姿势可以加强双肩、双臂、两腿和两膝的肌肉和神经。

9. 风吹树倒式

(1)双腿分开同肩宽,双臂向上伸直,十指交叉,挺直脊柱,抬起脚跟,吸气。

(2)呼气,身体向左侧弯曲到最大限度,脚跟不落,保持数秒。

(3)吸气,还原。

(4)呼气,再弯向右侧。如此反复,再做5次。

风吹树倒式的益处:

这一姿势可消除腰、腹多余赘肉和强健脚踝。

10. 弓式

(1)整个身躯趴在地板上,屈膝,脚掌向上,双手向后握住双脚,左手勾左脚踝,右手勾右脚踝。

(2)先吸气准备,吐气时,肩膀、胸部及双腿同时上抬,使身体向上拱起,停10~16秒。双腿向内夹紧,挺胸,手尽量伸直,头尽可能抬高,感觉自己是个弓箭,脚也要抬高,让身体呈U字。

弓式的益处:

弓式具有整脊效果;改善呼吸疾病;帮助消化,帮助肠胃蠕动;锻炼背肌、增加柔软度;消除腹部脂肪,美化背部及腰部曲线,达到瘦身功效。

11. 蛇伸展式

(1)俯卧地上,把两臂放在体侧,掌心向上。

(2)两臂放在背后,用左手握着右腕。

(3)深深吸气,伸展臂部和背部的各条肌肉,尽量地将胸膛从地面抬高起来,把头向后方昂起。

(4)蓄气不呼,保持此姿势10~15秒。

(5)呼气,慢慢回到地面上,重复做三次。

蛇伸展式的益处:

这个姿势对背部的神经和肌肉很有益,一般说来,益处和眼镜蛇式的相似。

12. 蝴蝶式

(1)这个坐姿要求双脚掌接触并合拢。

(2)然后将脚后跟收回至大腿根部。

(3)把手放在膝盖上,然后给一定的辅助力量,把膝盖向下压使之贴到地面上。

蝴蝶式的益处:

这个姿势能够打开骨盆,增强胯关节的柔韧性;减轻腿部、膝盖和脚踝的压力,消除腿部肿胀。

13. 虎式

(1)双手及双膝着地。

(2)吸气的时候凹下脊椎,抬腿并让它在身体的正后方笔直地伸展,同时仰头,抬起下巴。

(3)呼气的时候,把腿蜷回,弓起背部,头部与膝部靠近。

虎式的益处:

这个动作不仅能够让脊柱更加灵活,而且对塑造臀部和背部的线条很有效果。

14. 幻椅式

(1)先做基本站立式。

(2)将两臂径直高举头上,双手合十。

(3)呼气,屈膝,放低躯干,就像准备坐在一张椅子上一样。

(4)大腿应与地面几乎平行,胸部尽量向后收。

(5)正常地呼吸,保持这个姿势30秒。

(6)然后吸气,放下两臂,恢复基本站立式。

幻椅式的益处:

这个姿势使双腿更强健,增进体态平衡,矫正不良姿势;增强脊柱,强壮背部肌肉群;消除背部酸痛、僵硬;给心脏柔和的按摩;扩展胸部,增强双踝和强壮腹部器官。

15. 加强侧伸展式

(1)深吸气,身体微向前倾。将两肘和两肩胛骨向后收,双手在背后合十。呼气。如可能的话,转动两腕,将合十的双掌升到肩胛骨之间。

(2)吸气,将两腿分开。稍休息,吸气并将躯体转向右边。保持双膝完全伸直不弯曲,将两脚转向右边。

(3)左脚应转满90度,右脚约转75度。头向后仰,保持一会儿。

(4)呼气,向前屈身,直至头部触及右膝。不要弯曲双膝,慢慢伸展背部,方法是逐渐将下巴延伸过左膝盖以下。

(5)有规则地呼吸,保持这个姿势约20秒。

(6)然后深深吸气,将头部和两脚转向中央,直到脚趾指向前方。躯干慢慢直立,呼气,回到基本站立式。

加强侧伸展式的益处:

这个姿势能扩展胸膛,刺激和促进深长的呼吸;伸展脊柱,放松髋关节,补养、加强两腿的肌肉;收缩并强壮腹部器官,改进不良体态和圆肩,并使两腕灵活。

16. 牛面式

(1)盘腿坐好金刚位,调整呼吸。

(2)吸气,右臂上伸,屈肘,呼气,左手扳右肘,尽量让右手放低到两个肩胛骨之间。

(3)左臂向背后屈,两手手指相扣。

(4)挺直脊背,目光平视,保持20秒,自然地呼吸。

(5)左右各做三次,松手甩动,换另一侧再做。如果做此动作时肩部僵硬,两手互相够不到,可以用抓住毛巾两头的方法来代替。

(6)牛面式的益处:这一姿势可加强背部肌肉,增强腕、肘、肩关节的灵活性,矫正肩背的歪斜,扩展胸部。

第三节 健美器材的使用方法

(一)平凳哑铃推举

练习方法

平卧于健身凳上,双脚平放在地上;由肩膀的正上方向上伸直双臂,手掌朝前,手腕伸直,收腹;屈肘放下哑铃,肘部稍低于肩的位置;伸直双臂回到原位。注意不要拱背,手臂与胸呈90度。每组15次,练习3~4组。

锻炼部位:胸肌、肩部和三头肌。

(二)平凳哑铃展臂

练习方法

平卧于健身凳上;双手持哑铃;双脚平放于地上;从肩膀的正上方向上伸直双臂,手掌朝内相对,手腕伸直;收腹。弧线屈肘,双臂放下后,再向两侧伸直至双肘与肩平行。伸直双臂,还原。在动作的最低点时双臂形成一个浅浅的"W";双臂放下的位置不能过低,否则会给肌腱造成不必要的压力。注意始终收紧腹部,以免背部拱起。每组15次,练习3~4组。

锻炼部位:胸肌、肩部肌肉。

(三)上斜俯卧撑

练习方法

双手撑在50~70cm的长凳上。身体下压,胸与手平行,再用力撑起。向下压时呼气,向上撑时吸气。注意要始终保持正头、挺胸、直腰。每组15次,练习3~4组。

锻炼部位:胸肌。

(四)坐姿哑铃推举

练习方法

双手各持一哑铃,身体坐于凳上(最好有靠背);手掌朝前,弯曲肘部,抬胳膊与肩齐;收腹。慢慢将哑铃上举至双臂完全伸展,然后放下哑铃至与肩齐。举起哑铃时呼气,放下时吸气。注意在最高点时肘不要过度伸展,双臂与双肩始终保持同一垂面;放下哑铃时动作要缓慢。每组8~15次,练习3~4组。

锻炼部位:肩部肌肉。

(五)哑铃侧平举

练习方法

直立,同时重心略向前倾;双膝微屈,将哑铃置于大腿前;掌心相对,肘微屈。在肘和上肩的引导下缓慢从身体两侧提起哑铃，直至腕与肩的高度平行，停留片刻，然后缓慢放下哑铃，还原。注意在整个过程中轻轻屈肘，不需要把重物举到肩部以上的位置，腹部要始终收紧。每组 10 ~ 15 次，练习 3 ~ 4 组。

锻炼部位：肩部肌肉。

（六）坐位俯姿侧平举

练习方法

坐于平凳上，双脚并拢，平放在地上；屈髋使身体向前倾，保持肩背平直。拿起一对哑铃，掌心相对；双臂自然悬挂，肘微屈；保持胸部低垂，从身体两侧举起哑铃，过程中保持肘和躯干的稳定。在动作到最高处时停留片刻，然后缓慢下降，还原。注意要始终保持收紧腹部，不要弓背。每组 10 ~ 15 次，练习 3 ~ 4 组。

锻炼部位：上背部、肩后部肌肉。

（七）哑铃弯举

练习方法

两手在体侧各持哑铃，保持上体微微前倾；掌心向前，保持上臂固定不动；将哑铃弯举至肩前，慢慢控制用力，还原。举起哑铃时呼气，同时注意身体不要向后摇晃；放下哑铃时吸气，同时注意力要集中，动作要缓慢。每组 10 ~ 15 次，练习 3 组。

锻炼部位：肱二头肌。

（八）仰卧哑铃臂屈伸

练习方法

两手各握一个哑铃，平躺在凳子上；双脚平放在地上；两臂在肩膀上方伸直，手掌朝内。慢慢屈肘，手持哑铃缓缓放下，于头顶上停留片刻，然后将手臂还原。保持肩部稳定，只用肘来移动哑铃。握哑铃时要集中精神，避免意外伤害。每组 8 ~ 15 次，练习 3 组。

锻炼部位：三头肌。

（九）颈后哑铃臂屈伸

练习方法

单手握住一个哑铃，手臂向上伸直，肘关节不完全伸展，然后前臂慢慢放下，直至与地面平行；再用力向上将哑铃推举到最高点，使肱三头肌充分伸展，完成重复动作后换手臂。肘关节要稳定不动并控制用力，不要甩动手臂。每组 10 ~ 15 次，练习 3 组。

锻炼部位：肱三头肌。

（十）体后臂屈伸

练习方法

坐在一把稳固凳子的边缘，将双手放在两边且把住座位的下面，将双腿向前伸，使脚跟落地且脚趾抬起，臀部滑下椅子。收腹，将上身挺直，保持。将肘关节弯曲，身体向地面下沉，直到上臂和地面平行或者高一点，再将身体恢复到最初位置。伸直双臂时呼气，弯曲双臂时吸气。一定要屈肘，让身体下沉，肩膀不要前后移动。每组 10 ~ 15 次，练习 3 组。

锻炼部位：肱三头肌、肩部肌肉。

第六章
基本气质训练

第一节　气质的概念及类型

一、气质的概念

气质与脾气、性格、性情等词语含义相近，它为人的全部心理活动染上了一层浓厚的感情色彩。气质是指人在认识、情感、言语等心理活动发生时的动力特征，如心理活动发生时力量的强弱、变化的快慢和均衡程度等。

气质是在人类生理素质的基础上，通过生活实践，在后天条件的影响下形成的，受人类世界观和人格的影响。其特点通常是通过处理问题以及人与人之间的互动来展现的，并且表现出典型而稳定的个人心理特征。

二、气质的类型

人的气质基本可分为四种类型：多血质（活泼型）、胆汁质（兴奋型）、黏液质（安静型）、抑郁质（抑制型）。古代创造的气质理论用体液来解释气质类型。虽然没有科学依据，但人们也可以在日常生活中观察这四种类型。气质类型的典型代表是活泼，积极，敏感，注意力很容易转移，兴趣易于改变等等，这是多血质的特点。直率，热情，精力充沛，情绪冲动和情绪激动都是胆汁质类型的标志。安静，稳定，缓慢，沉默，情绪不可见，稳定但难以转移，耐心等，是黏液质的特征。孤独，行动迟缓，经历深刻，能意识到别人无法察觉的小事情，是抑郁质的标志。因此，四种气质类型的名称已被许多学者采用并且迄今一直使用。

人的气质类型可以通过一些方法测试，但很少有人单一属于某种类型，大多数人属于不同类型的中间类型，即混合类型，如胆汁质和多血质等。

人的气质对活动的行为和实践及其效率有一定的影响，因此，了解人的气质对教育工作、生产组织、干部职工培训、人才选拔、社会分工具有重要意义。

气质不会影响行为活动的性质，但会影响行为活动的效率。如果在学习、工作和生活中考虑到这一点，就可以有效地提高自己和他人的工作效率。在评估一个人的气质时，不能认为一种气质类型好，另一种气质类型不好。每种气质都有正面和负面两方面。在这种情况下，它可能具有积极的意义，而在另一种情况下，它可能具有负面的意义。胆汁质的人可以成为积极热情的人，也可以发展成为一个任性、无拘无束、容易发脾气的人；多血质的人情绪丰富，工作能力强，可以很容易地适应新的环境，但注意力不够，易于转移，没有毅力。同一气质的人可能有不同成就、水平和做事方式。

抑郁质的人在工作中容忍能力差，并且总感到疲倦。然而，他们的感情是微妙的，他们小心谨慎，细心观察，善于察觉别人不留意的小事情。气质不能决定人的行为，因为人们可以自觉地调整和控制自己。气质虽然在人的实践活动中不起决定作用，但是有一定的影响。气质不仅影响活动的性质，还影响活动的效率。例如，要求有迅速、灵活反应的工作更适合多血质的人，而黏液质和抑郁质的人难以适应。在一般的学习和劳动活动中，气质的各种特征可以起到互补作用，所以气质对活动效率的影响不显著。然而，一些特殊职业人员，如飞机驾驶员、宇航员、大型电力系统调度员或运动员等，承受极大的身体和精神压力，需要非常敏感的反应，要求从业者敢于冒险，面临危险时能立即决断。在这种情况下，气质的特征会影响一个人是否选择这种职业。因此，在培养这种专业人员时应该确定一个人的气质特征，这是选择职业的基础之一。

第二节　气质训练的内容

人的性格、教养、受教育的程度、所处的环境等，对其成长及气质的形成具有重要的作用。良好的气质能够通过后天的培养、训练获得，但是这种培养和训练是一个漫长而有意识的过程，它不仅有对身体本身的训练，还有对文化修养和素养的培养。气质的底蕴是文化长期的积累，形体美的最终表现是良好的形体加上优雅的气质。

一、素养的建立

我们把素养分为基本素养和相关素养。基本素养是指人的有关智力发展的部分，即通常所说的文化知识的学习。只有具备了较丰富的知识，掌握一定的技能，人才能立足于社会，实现自我的价值，也才能实现更自立、更自信、更自爱的目标，拥有完美的人格和出众的气质。相关素养是指非智力因素的部分，它主要包括音乐、舞蹈、艺术教育等。这些相关因素的建立，对气质的形成具有重要的作用。

舞蹈：这是一种将各种动作和音乐以及演员的活泼表演相结合的艺术。舞蹈训练是指所有属于舞蹈艺术的运动训练。其重点在于提高从业者的整体素质，改善他们的运动技能和姿势，并赋予从业者良好的体能。舞蹈训练可以有效地提高表演者的表现力，是一种改善先天条件的有效手段。

音乐：它的特点是独特的节奏，优美的旋律和不同的风格。在不同风格的音乐伴奏下，练习者改变运动节奏、幅度和速度，使运动变得不规则，提高性能。因此，练习时，优美的音乐旋律激发了练习者的艺术创作的激情。他们可以自由灵活地表达自己的情绪，使动作、音乐和情感完美地结合在一起。

艺术教育：艺术教育包括绘画、影视、戏曲等知识。艺术教育能让人通过视觉和听觉体会和审视外界所发生的一切，借助其各自的艺术形式表达人的审美感受，使人受到美的教育和熏陶。长期进行艺术教育能使人在潜移默化中形成良好的气质。

二、礼仪培养

人除了具有自然属性外，还具有社会属性。在社会生活中，人与人要进行交流，要与他人共同相处。随着社会文明程度提高，人们对于彼此之间的交往与相处就有了一定的要求和制约，礼仪随即成为社会文明程度的重要标志。从中国几千年文明史的角度来看，人们一直渴望高雅的风格和愉快的风度。如今，随着现代生活的变化，人们更关注个人礼仪。从表面上看，礼仪是一件涉及着装和首饰的小事。然而，这些琐事展现了个人的精神面貌，也展现了一个人的文化成就。

作为一种社会文化，礼仪不仅影响个人自身的形象，也影响组织、社会甚至整个国家和民族的整体形象。强调礼仪是为了促进现代文明，旨在提高个人素质，增强社会的礼仪。良好的礼仪形象是我们立足世界和事业成功的重要基础。下面我们具体对礼仪进行进一步的了解：

（一）礼仪的概念

礼仪是个人生活行为的规范和与他人打交道的准则。它是个人仪态仪表、外观、言语、行为等的个体调节。它是个人道德品质、文化素养、良知教育和修养内涵的外在表现。

礼仪应该以社会主义公德为基础，以个人品格修养、文化素养为根本，是个人行为方面的具体规定，是一种文明的行为标准。讲究礼仪是社会成员之间相互尊重、彼此友好的表示，这也是一种道德，是一个人的公共道德修养在社会活动中的体现。通常讲“言为心声，行为心表”“诚于中则形于外”，只有内心具备了高尚的礼仪情操，才能有风流儒雅的风度，只有有道德、有修养、有文化、有学识的人才能“知书达礼”，才能严于律己，宽以待人，自觉遵守和维护社会公德，才能懂得尊重别人，成为明辨是与非的文明人。

礼仪从一个侧面反映了社会的文明程度。对于个人而言，礼仪是文明行为的道德规范和标准。就国家而言，礼仪是一种社会文化。许多事实证明，礼仪对社会环境的净化和美化起到了积极的作用。礼仪已经成了一种社会主义精神文明的基本要素，是民族文化和传统的象征，具有强烈的约束力，使每个社会成员都能按照社会文明的要求自觉调整自己的行为，摒弃不良习惯，最终改进自己的言行以顺应潮流社会的发展。

由此可以看出，礼仪不仅是衡量一个人的道德水平和教育水平标准，也是衡量一个组织、一个地区、一个社会和一个国家文明程度的指标。

(1)以个人为基点。礼仪是个人行为的各种规范，因此，个人行为将直接影响群体、组织，甚至社会的生存和发展。加强礼仪，规范个人行为不仅需要提高自身的修养，还需要社会的发展和监督。文明的礼仪才能使我们的社会更加文明有序。

(2)以修养为前提。礼仪不是个人行为的简单表现，而是社会活动中个人公共道德修养的体现。它反映了一个人固有的性格和文化成就。没有一定的修养，个人就不会自觉遵守和自愿实施社会公德，所以礼仪必须以个人修养为前提。

(3)以尊重为原则。在社交活动中，讲礼仪必须坚持尊重他人的原则。只有尊重他人，才能赢得他人的尊重。

(4)以美好为目标。遵循礼仪的标准，就是要更好地塑造个人的形象，充分展现个人的精神风貌。礼仪教导人们识别美与丑，帮助人们辨别是非，引导人们走向文明。它可以使个人形象日益完善，让人们的生活更美好。

(5)以坚持为方针。礼仪能给人们带来美好的事物和文明的社会。但这些都不可能是立竿见影的，也不是一天就能完成的。它必须经过个人长时间的不懈努力才能实现。

(二)礼仪的培养

我们知道好的礼仪和规范行为不是天生的，而是通过不懈的努力和细致的教育逐渐形成的。所以可以说礼仪通过文明行为的标准使个人的行为真正成为一种自然而然的真正内在的东西。这是一个逐渐升华的阶段。

首先，必须有个人的主观能动性。它是人类行为和意识形态变化的根本条件，是提高自身素质、形成良好礼仪风格的基本前提。因此，我们每个人都要不断提高自我，克服自我，在行动中表现出强烈的自律，自觉地克服自己的不良习惯和行为，不断学习，不断进取。

第三节　气质的专门训练

气质的培养是一个长期、系统、有意识的过程。人的神经类型对气质有一定的影响。但后天有目的、有意识的活动能使气质更加完善，更加符合社会的要求。因此，气质培养对形成良好的气质具有深远的作用。气质的培养不是一个孤立、片面的过程，是随着其他素养的建立而形成的。当素养逐渐积累沉淀时，人最终会形成自己独特的风格。当然，在整个素养的培养过程中，我们还应该进行专门的训练，通过这些训练来对气质进行强化。只是这种专门的训练是建立在基本素养和礼仪训练基础上的，是素养外化的过程。在对身体训练的同时，人去听、去看、去想、去体会世界的变化，让内在的情感与外部的身体动作相结合。

气质的专门训练分为一般的身体训练和心理训练。一般的身体训练包括形体训练等；心理训练是在身体训练基础上进行的针对思维的训练，它是一个更高层次的训练，是在训练者对身体动作、动作意识有一个初步的认识、了解基础上进行的。

一、自我暗示法

自我暗示是心灵的主观想象，这种想象必然会导致相应的生理和心理变化，然后出现自我刺激的心理治疗。自我暗示的本质是有意识的良好的心理状态。它利用心理状态的变异性，积极地使疾病产生负面和不良的心理状态，然后将其转化为积极和良好的心理状态，从而增强抗病能力。心理状态的稳定性促进身体的康复。自我暗示方法分为语言自我暗示、行为诱导自我暗示、情境自我暗示和睡眠自我暗示。

语言自我暗示与自己所扮演的社会角色有关，即利用内部语言对自己进行独白式的暗示。行为诱导自我暗示是通过有助于疾病康复的动作对自己进行暗示，例如散步、练气功能使身体康复，于是便抱着极大的希望去进行这些意愿性动作。情境自我暗示是指通过优美的风景、清新的环境等一切可以引起积极情绪的情境因素进行自我暗示的方法，这种方法有利于疾病的康复。睡眠自我暗示是指利用睡眠休息对自己进行心理暗示的方法。这种方法相信通过良好的睡眠可以消除疲劳、改善心境、恢复精神和体力。

二、模拟训练法

模拟训练是让练习者在某种特定环境下进行有针对性的训练。这是一种想象设身处地的训练方法，让练习者有一个心理的渐进过程，同时反复模拟训练。这对练习者形成良好的习惯具有很大的作用。例如，设定某个特殊的社交场所，设定一些特别的人物，让一些特定的事件发生，身处其中，练习者面对整个事态的发展要做出适当的反应和及时的处理。这实际上是一种适应性的心理训练，通过训练，才能让人对意外的事件、不适应的变化产生适应性，继而采用最适合的处理方法，做出相应的准备，不至于被突发事件弄得手足无措。模拟训练可以独自进行，也可以在同伴的协助下进行。情景、条件、对象可以事先设定，让练习者经过反复训练，沉着、冷静地面对突发事情。

三、念动训练

念动训练是对平时身体训练的一种补充，它是通过对动作的回忆和想象来实现的，通过回忆和想象某种动作就能引起神经肌肉的相应变化。训练时，要求练习者在安静的地方卧或坐，深呼吸，集中注意力，排除一切杂念，进行想象的动作练习。例如，想象用最完美的动作姿势去完成一段形体训练的内容，想象这些动作形象要生动、具体、详细。设想所表达的最美的仪态感受、行为举止、语言表达等。这样的训练不仅可以修正自己不正确的姿态，还能培养自己良好的气质，使内在的气质因素与身姿融为一体。这种训练的时间一般为 5 ~ 10 分钟，可以在形体训练之前、之后或休息期间进行。

第七章
日常生活中的锻炼方法

第一节 有氧运动

一、什么是有氧运动

现代化的高楼大厦仿佛成了一个金丝笼,把人类与自然隔得很远。现代人仿佛是上满发条的机器,时时不停地运转着,同时,一些“文明病”也随之而来。运动不足、营养过剩已成为“文明病”出现的重要原因之一。长久以来,人们一直寻找治疗“文明病”的良方。1968 年美国太空总署医生库珀博士专门为宇航员设计了一个有氧体能训练计划,于是发明了有氧运动,库珀成为美国著名的健身运动专家。

二、如何确定有氧运动量

有氧运动量的大小直接影响有氧运动的效果。如果运动量过大会使人过度疲劳,甚至伤害身体健康。

一般人容易把运动量理解为跑的距离远近、跳操的时间长短等数量因素,实际上这只是运动量中的一部分。

对于进行有氧运动的人来说,必须把握好数量与强度两个因素之间的关系,才能达到有氧运动的预期锻炼效果。

有氧运动的强度一般用最大摄氧量的百分比来计算,但最大摄氧量的测定很不方便。相关学者从大量的实践及研究中发现,心率的快慢和最大摄氧量一般成正比,也就是说心率越快、最大摄氧量的百分比也就越大。

当锻炼结束后,立即数 10 秒的脉搏数再乘以 6,得出每分钟的心率,便可查出运动时相应的强度。

三、有氧运动注意事项

(1)因人而异选择项目

在进行有氧运动时,练习者可以根据自身的特点和场地设施的条件来选择适合自己的运动项目,但一定要注意运动量和运动时间。

(2)连续不间断

在进行有氧运动的时候,尽量保持运动的连续性。在练习的过程中保持心率尽量在有氧运动的心率范围内。

(3)全身锻炼与针对性锻炼相结合

有氧运动持续的时间比较长,如果经常从事某一个动作的练习会增加练习者身体局部的负担。应注意在全面锻炼身体的原则基础上,结合一些有针对性的锻炼。

(4)持之以恒

有氧运动应当坚持长久才能见到实效。每个星期应当坚持练习 3 ~4 次以上才能保证达到有氧运动的效果。

第二节　身体训练方法

在大学时代,书本是陪伴我们最多的朋友,教室、图书馆、宿舍是我们停留时间最多的地方。三点一线的生活方式会使人变得很慵懒,由此带来的是臀部、大腿和腹部赘肉的增多。在下面的内容里我们将介绍给大家一些既安全又有效的锻炼方法,让你在任何场合都能进行练习。每个人可根据个人的需要来选择,在不经意间自然地获得健康。

一、练习方法介绍

我们所介绍的所有练习内容都是基于一个最简单的练习方法——身体对抗性练习。那么,什么是“身体对抗性练习”呢? 身体对抗性练习也称“等长练习”,是基于肌肉的收缩和舒张、肌肉力量相互对抗而使肌肉匀称结实的练习。

(一)练习体验

请将两手相握,双手各自向相对方向加力(如图)。当你加力时会感到上臂的肌肉正在紧张地收缩,同时胸肌也在用力。这种用力并没有改变肌肉的长度,但我们会感受到肢体受到的阻力。这种阻力会有效地消耗掉我们的能量,同时肌肉也在这种等长的静力练习中得到锻炼。人体若不经常运动,肌肉功能会渐渐减退,肌肉就会松弛、下坠,特别是臀部。臀肌下坠在女性中是一个普遍现象,这是女性自身生理发育所导致的自然结果。

(二)时机选择

进行身体对抗性练习时,可选择在寝室、教室、图书馆、影剧院等,也可以在食品店排队时、公交车车站等车时。这种训练的可能性是无止境的,要养成在任何时间都能进行锻炼的习惯确实是非常不容易的。我们所设计的练习内容切合实际、内容简便,所以这些身体对抗性练习比较容易融于每天的生活之中。

二、制订身体训练计划

首先,在编排自己的整体训练计划之前,先列出你打算增强和重塑的是哪一些部位;其次,必须确定每天进行练习的时间,练习的时间不必是计划好的,而是根据自己的日程合理地安排训练内容,还可以利用一天中属于自己的零碎时间安排相应的训练内容。

在选择内容和编制训练日程时,可以把计划的内容多列出一些以方便我们选择。要使得这些计划内容有规律地完成,就要精确计算完成每套练习及其中各种动作的时间。在身体未能全部适应所有练习内容所带来的负荷前,增加内容会对整体计划的进行不利,甚至会因训练过量产生一定数量的乳酸,肌肉的酸痛会影响训练,容易使人失去信心而不能顺利地完成计划。

三、准备活动

在每次练习开始前要做准备活动。这些身体对抗性练习出现损伤的可能性很小,但因为肌肉、关节的温度很低,若预先没有舒展肌肉韧带、关节,在练习中就会感觉不舒服,活动也会因此受限。

第三节　形体塑造与饮食

一、营养物质的相关知识

以食物为主要载体的各类营养物质是人体维持正常生命活动的基础。食物中的营养物质主要以糖类、脂类、蛋白质、维生素、无机盐、水以及纤维素等形式存在，在氧气的共同作用下，经过新陈代谢，成为人体智力、体力等各种活动所需的能量来源。可以说营养物质是维持人体正常机能、保证生命体处于活跃状态的核心基础，也是人类活动的能量之源。如果没有营养物质的有效供应，人的生命也就走到了尽头。同时，糖类、脂类、蛋白质三大营养物质在一定条件下，可以实现相互转化，以最大限度保证人体所需。

糖类是人体能量的最重要来源，脂类和蛋白质是作为糖类的替补队员而存在的。只有当糖类供给出现较大障碍或消耗量过大难以保障人体活动所需时，脂类和蛋白质的分解转化功能才会被自动激发，以充分保障人体各项机能所需。在脂类和蛋白质转化先后方面，脂类向糖类转化的活性要高于蛋白质，所以当人体从事高负荷运动时，糖类不能满足运动所需能量，脂类就会自动转化为糖类，只有当脂类物质不足时，才会分解蛋白质，这也是运动减肥的重要理论基础。与此同时，当人体摄入糖类过多而消耗过少时，糖类物质就会自动转化为脂类物质进行贮存，这也是人体肥胖的重要原因。

二、不同人群每天的能量需求

人体能量需求与人的活动程度为正相关关系，活动量越大，能量需求也就越大，反之则越少。一般而言，人体维持正常生命活动，平均每天至少需要 1500 大卡的热量。人在静卧或睡眠休息时，每天大约需要 1600 大卡热量；在进行中等强度运动时，需要 1800～2000 大卡热量。与此同时，人体也有一定的自我适应和调节能力，当人体摄入热量不足时，就会消耗自身所储存物质，产生内生性热量来供应人体需求。肝糖和脂肪分解是这些内生性热量的主要来源，所以对于身体肥胖者，当单位时间内外在糖类物质摄取不足时，其在皮下所贮存的脂肪就会被分解，产生热量，供给人体需求。但一般而言，从人体健康角度考虑，人体每天应摄取不少于 800 大卡的热量。所以从此角度来讲，对于身体过分肥胖的人来说，一定程度的节食是必要的，但过分节食或绝食则是对身体健康有害的，而且过分节食之后，随之而来的可能是暴饮暴食，反而不利于体重的降低。

当然，人体每天所需热量，除受运动量和身体肥胖程度影响外，性别、身高、年龄、体重等也是重要影响因素。经过长期的调研和经验总结，人们总结出了一套可供参考的计算公式。

男性:66 + (13.7 × 体重 kg) + (5 × 身高 cm) - (6.8 × 年龄)

女性:65.5 + (9.6 × 体重 kg) + (1.8 × 身高 cm) - (4.7 × 年龄)

与此同时,还应增加人体活动量系数,活动量越大,系数也就越大。一般人体活动量系数在 1.1 ~1.3 之间,高强度运动或劳动所赋予的活动量系数会相应增加。一般办公室工作人群的活动量系数在 1.1 左右。

例如:身高为 172 厘米,体重为 60 千克的 20 岁男性,日常从事工作为办公室接待,每日所需热量计算如下:

$$(66+13.7\times60+5\times172-6.8\times20)\times1.1=1773.2$$

三、体形的塑造与饮食的相互关系

形体训练必需辅以科学、合理的饮食结构,在锻炼完美身材的同时,切实保证身体健康。我国传统文化讲究“中道”和“过犹不及”,对于形体训练,既不能漠不关心,也不能急功近利。对形体训练的漠不关心,就是对自身健康状况的放纵;对完美形体的过分追求,则会容易让人急于求成,甚至选择绝食、服药等损害身体的方式,得不偿失。形体训练或者大家通常理解的减肥,是通过对身体皮下脂肪的消减,进而起到锻炼肌肉、强身健体的作用。片面地通过节食或药物排便来实现所谓的体重减轻,实质是身体内肌肉的水分的丧失,而不是我们期望的脂肪的减少。对此,我们应制订科学的形体训练规划。

(一)科学合理分配每餐摄入比例

胰岛素分泌在很大程度上影响着人体对食物的好感及摄入量,对于身体肥胖的人来说,一般早上胰岛素分泌量较小,而晚上则大量增加,这就会在一定程度上导致早上食欲不振,而晚上暴饮暴食。这与“早上吃饱,晚上吃少”的传统健康饮食要求正好相反,这也是身体肥胖的人屡减屡败的重要原因。据分析,肥胖者一天科学的饮食安排是晚餐摄入量应为全天摄入量的 25% ~30%,而早餐应为 30% ~35%,中餐则为 30% ~35%。

(二)养成健康饮食习惯

一方面,每餐按时吃、按量吃,不过分节食,不暴饮暴食,不吃零食,少喝饮料,不加餐,不吃夜宵,每餐辅以必要的水果;另一方面,要细嚼慢咽,切忌狼吞虎咽,把握饮食节奏,让人体每一个细胞充分感受到食品摄取所带来的快感和享受,以最少量的食物摄取,让身体获得最大的愉悦享受,产生满足感。所以,饮食一定要控制速度,让身体逐步产生饱腹感和满足感。

(三)科学调整饮食结构

胃肠扩张是产生饱腹感的最重要原因,而主食恰恰又是热量最高的食物形式。为充分获得饱腹感并最大限度减少热量摄入,在同等食物体积下,应采取严格控制主食,而适当增加蔬菜、水果的摄入量,并适当进行水的补充。为充分控制热量来源,糖类和淀粉含量高的食物也应严格控制,比如粉条、含糖饮料等。

(四)严格控制脂肪摄入量

脂肪是人体肥胖的最主要元凶,过多的脂肪摄入会增加血液黏稠度,进而诱发心脑血管疾病。为有效保持良好的体形,严格限制动物类脂肪的摄入量是十分有必要的,尤其是肥肉、动物皮脂、奶油、烧烤类食物的摄入量更应着重予以控制。当然,为保持每天正常排便和人体正常所需,也不应完全禁止脂肪的摄入。

第八章
常见异常形体姿态的矫正

第一节　头、颈、肩姿态矫正

一、头、颈部位

头颈部的形体缺陷主要是长期采用不正确的学习、工作姿势所导致的。其表现为站立和坐着时颈部过分前伸，颈部与头部不能与肩部保持在一条线上。

矫正方法（一）：颈屈伸展

站立或坐，屈颈使下颌贴近颈前部，保持下颌内收，颈向后收至极限，然后做向前伸颈的动作，再收，还原。

注意不能使下颌向下运动。在此姿势下做试图伸颈的动作，保持几秒钟，然后放松，重复 5 ~ 10 次。

矫正方法（二）：靠墙立颈

两脚距离墙 30 ~ 50cm 靠墙站立，紧收下颌，头、颈部尽力贴靠墙面，坚持几秒钟，放松。重复 5 ~ 10 次。

矫正方法（三）：颈环绕

站立或坐，360 度颈环绕。顺时针环绕 5 ~ 10 次，然后逆时针再绕 5 ~ 10 次为一组。环绕时收紧下颌。重复做 3 组。

矫正方法（四）：屈腿仰卧

屈腿仰卧，全脚掌着地。颈后伸时迫使头、颈着地，并且使背部平贴地面。保持 5 秒，重复 5 ~ 10 次。

矫正方法（五）：前屈压肩

两臂上举，躯干前屈，用手扶墙或把杆，胸部向下用力压，保持几秒，使压力置于肩部伸肌上。重复 10 ~ 20 次。

二、高低肩

形成原因：两肩高低不平大多是经常用同一侧的肩膀挎包、扛东西或用同侧手提重物造成的。一侧的肩部常处于紧张状态，久而久之，就会明显斜肩，从而导致两肩的不平。

矫正方法(一)：双肩上提

面向镜子正直站立，两手手握哑铃放于身体两侧并下垂。要求身体挺拔立直，两手用力均匀，双肩端起同时吸气，使双肩保持在一个水平面上，停留 10 ~ 30 秒，然后沉肩，重复 10 次为一组，共练习 3 组。

矫正方法(二)：单肩上提

面向镜子站立，上体正直。低肩的一侧手斜下摆做提肩练习，20 次为一组，另一只手自然下垂。反复练习 3 组。

矫正方法(三)：单肩侧绕

面向镜子自然站立，一只手叉腰，另一侧低肩，并手持哑铃，向侧环绕至手臂侧上举。15 次为一组，共 3 组。

第二节　背部、腰部姿态矫正

一、驼背

形成原因：平常不注意保持正确的身体姿势，背部肌肉不主动用力，容易松弛无力，从而导致驼背。

矫正方法(一)：前屈压肩

两臂上举后躯干前屈，用手扶墙或把杆，胸部向下用力压，保持几秒钟，同伴帮助其向下沉压，使压力置于肩部伸肌上。

矫正方法(二)：扶墙压肩胸

双腿开立，面向墙面，双手上举，手扶墙面，腰部下沉，头向后仰起，将胸部贴到墙面上，保持 15 秒为一组，共练习 3 组。

矫正方法(三)：后握振臂

两脚并拢，自然站立，两手于体后相握，两臂向上摆动，同时注意收腹、挺胸、抬头。重复 15 次为一组，共练习 3 组。

矫正方法(四)：平屈扩胸

两腿并拢，自然站立，两手持哑铃。两臂胸前平屈向后扩胸，同时两肩向两侧打开，肘关节尽量端平。重复 20 次为一组，共练习 5 组。

矫正方法(五)：俯卧两头起

俯卧在垫子上，两只手抱住头部与胸、腿同时向上抬离地面，同时配合呼吸，向上吸气。向上抬起时使背部呈现弓形，并控制不动保持 5～8 秒，吸气，还原。15～20 次为一组，共练习 5 组。

二、塌腰

形成原因：塌腰主要原因是因为在站立时没有收腰、立腰，腰椎长期处于负重状态，腰椎曲度过大，从而形成“塌腰”这种不正确的姿态。

矫正方法（一）：仰卧屈体

由仰卧开始，收腹举腿至屈体，使髋部和躯干呈 10～20 度的夹角，颈部与头部要贴近地面，保持 5～10 秒，重复 5～10 次。

矫正方法（二）：骨盆前倾斜

站立时，以意念使神经冲动，支配髋部在能力范围之内产生大范围的向里收缩动作，保持收缩状态 5 秒，然后恢复原状，重复 5～10 次。

矫正方法（三）：猎猫

两腿跪立，两手撑于地面，胳膊与腿垂直于地面。含胸并低头，使背部向上拱起并保持 5 秒，然后恢复原状，重复 5～10 次。

矫正方法（四）：屈腿仰卧起

仰卧躺下，双脚脚掌着地，两腿弯曲。练习时屈髋并颈部向前屈，使背部抬离地面，角度呈 45 度即可。重复 5～20 次。

矫正方法（五）：仰卧举腿

仰卧于地，双手勾握一牢固物体，然后屈腿，使大腿和髋关节、大腿和小腿各呈 90 度角后，将腿上举使背部离开地面，保持 5～10 秒。重复 5～10 次。

三、脊柱侧弯

形成原因：脊柱侧弯就是指人的脊柱从后面看不是一条直线，向侧倾斜或弯曲，普遍表现为两个肩高低不同，腰侧凹不对称，同侧背部隆起等。这是身体长时间侧向一边，姿势不正确造成的。例如，写字时身体扭转，伏在案上写字，左手臂没有正确地放在桌子上等。

矫正方法（一）：体侧屈

双脚开立，自然站立，脊柱侧凸一方手臂向另一侧下腰摆动，同时另一手臂放在腰部后方。脊柱向反方向在最大限度之内下侧腰，保持 5～8 秒，然后还原，15 次为一组，共练习 3 组。

矫正方法（二）：转体

双脚自然开立，双手手握哑铃，双臂弯曲，在胸前平举；扭转身体，向脊柱凸起的方向做转体运动。在动作过程中要保持双脚不能离开地面，双腿伸直，转体 20 次为一组,共3组。

矫正方法(三):跪立向后举腿

双腿跪立,两手掌在身体前支撑地面,将脊柱侧凸的一面的腿用力从后面向上抬起。抬腿时要注意挺胸、抬头,动作速度要快。控制时腰要用力收紧,腿用力向上抬。停留8~10秒,还原。重复练习20次为一组,共练习3组。

第三节　腿、足部姿态矫正

一、"O"形腿

形成原因:"O"形腿是遗传或大腿内收肌群力量薄弱等原因所造成的膝关节内翻现象。判断方法是:双脚踝部并拢,双膝不能靠拢,呈"O"形腿;两膝间距3cm为轻度,3cm以上为中度,5cm以上为重度。越年轻时矫正,效果越显著。

矫正方法(一)

双脚自然开立,上身保持前倾,双手扶在膝关节上,双手向内用力,向下蹲时让大腿贴住小腿,保持5~8秒后恢复站立。10~15次为一组,共3组。

矫正方法(二)

正部位坐立,然后将双脚放在身体两侧;两手扶于膝关节处并用力向下压,向下压时双脚紧贴地面。保持20~30秒,重复10次一组,共2组。

矫正方法(三)

双手扶在把杆上,两脚并拢,膝关节向内夹紧,并立起脚后跟,保持10秒。为了增加夹紧的程度,可以在膝关节处夹一物体,让所夹物体保持不掉,物体的厚度可适度减小。重复10次为一组,共5组。

二、"X"形腿

形成原因:"X"形腿是指双腿自然伸直成站立时,膝关节能够相碰,两脚内踝分离的一种腿形。这是一种股骨内收,胫骨向外展、外旋所形成的一种股关节异常现象。"X"腿矫正比较困难,但坚持练习也会有很好的效果。

矫正方法(一)

正坐,双脚相对,并在最大限度时向内收,双手扶在膝盖上,用力向下压,保持5秒,重复10~15次为一组,共5组。

矫正方法(二)

正坐,双腿并拢。右腿屈膝并将右脚放在左腿膝盖上。左手托住右脚踝向上用力,右手扶住右腿膝盖并向下用力压,压至最大承受范围时,恢复原状。每条腿重复15~20次,然后换另一腿,一共练习四组。

矫正方法(三)

双脚并拢,双手扶把杆,两脚脚踝可夹物体,然后立起脚后跟。并立时膝关节尽量并拢,脚踝用力向内夹住物体,最大限度立起脚后跟。重复10次为一组,共3组。

三、八字脚

形成原因:“八字脚”是个人的不良习惯所造成的。“八字脚”分为两种,有“内八字”和“外八字”之分。走路时如果两脚尖向外称为“外八字”;走路时如果两脚尖向内则称为“内八字”。

矫正方法(一)

平时在走路时,要注意我们的膝盖和脚尖是否正对前方。也可画一条直线,练习走路时脚尖要落在正前方。

矫正方法(二)

双腿自然开立,双脚保持平行,脚尖朝正前方,屈膝半蹲,并将一条腿向上抬起,抬起时脚尖保持朝正前方,落地后脚尖也保持朝正前方。重复10次为一组,共3组。

四、大腿过粗

形成原因:大腿过粗主要是腿部肌肉比较发达或是缺乏腿部的锻炼而引起的皮下脂肪较多。

矫正方法(一)

1. 前踢腿:仰卧地面,双腿并拢,双手放于体侧,右腿向上踢起,在空中停留5秒,重复练习20次。换左腿,做完为一组,共练习3组。

2. 侧踢腿:侧卧地面,双腿并拢,双手放在体前方,右腿向上踢起,在空中停留5秒,重复练习20次。换左腿,做完为一组,共练习3组。

3. 后踢腿:跪立,双手手掌撑于地面,右腿伸直踮地,左腿向上踢起,在空中停留5秒,重复练习20次。换右腿,做完为一组,共练习3组。

要求:前、侧、后踢腿时尽量迅速抬起,膝盖不能弯曲,双脚绷起,不要停顿,连续完成。

矫正方法(二)

仰卧躺下,双腿伸直,然后由膝缓慢向上抬起,大腿尽量紧贴在胸部,然后慢慢向上伸直双腿,让双腿与身体呈90度,还原。

要求:双腿夹紧,尽量控制姿势,匀速进行。重复练习15次为一组,共练习3组。

矫正方法(三)

仰卧,双腿伸直;双腿向上抬起3cm,控制住,右腿弯曲贴近胸部,右腿伸直时换左腿,反复练习。

要求:腹部用力,挺胸抬头,双腿尽量伸直。重复15次为一组,共练习2组。

第九章
空乘人员仪态与行为训练

第一节 站姿的要领及训练

站姿是我们日常生活中最引人注意的姿态。优雅的站姿是一种静态美，是人类动态美的起点和基础。故养成良好的站立姿势是我们塑造个人形象、气质必不可少的环节。

一、正确的站姿

站姿是人们所有姿势的开端。站姿似一顶帐篷，如果四面都不对称，就会发生倾倒或歪斜。正如人们常说的“站如松”，人的站姿像青松一样挺拔，就会蕴藏着一种充满活力的精神气质。

（一）良好的站立姿势

前面：双腿要并紧，尽可能不要有空隙。双臂放松，自然下垂，双手贴于大腿两侧，颈部挺直，背部伸直，收小腹。检查站姿的时候，可以从耳部开始，然后是两肩、胸部、身体两侧、臀部。练习时可用较大的镜子对照。

侧面：在背部伸直后，要尽量提臀，小腹自然就会收缩。在检查侧面站姿是否正确时，可以看一下耳朵和肩膀是否在一条垂直线上。

（二）更正站姿

1. 有时候站立时，自己意识不到身体向一侧倾斜，但别人看得很清晰，这是倾斜因为人在站立时，支持背骨与盆骨的肌肉没保持平衡，形成了不正确的姿势。

2. 在一些女性身上，我们常会看到 O 形腿、X 形腿，这非常容易导致上身弯曲，使腰的负担加重，姿势也不优美。

3. 错误的站姿，从侧面可以看出驼背、双腿弯曲、肚子凸起，不仅难看，也会使自己的身高在视觉效果上变矮。

错误的站姿不仅会让自己看起来不美丽，而且会使内脏受压，长而久之影响身体健康。所以，我们必须随时关注并纠正自己的站姿。

二、训练站姿基本要领

训练站姿是指为了纠正不良站立习惯而进行的一种站立姿态训练。这种训练亦是生活中各种正确站姿的基础。训练站姿的基本要领可从以下几个方面着手。

（一）头位

头面向正前方，目光平视正前方，下颌微微收起，后脑勺、脖颈和背部成一条直线，面带微笑，有一个饱满的精神状态（如图）。

（二）上身要求

两肩自然下沉，双臂自然下垂，双手可自然交握于体前（右手轻握左手手指部位），手肘稍屈，挺胸，收腹，立腰（如图）。

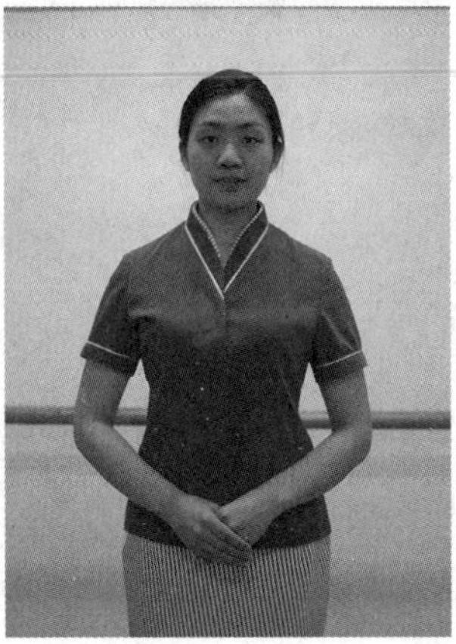

（三）腿位

臀部略收，两腿并拢、立直（如图）。

（四）脚位

脚跟并拢，脚尖分开略呈 30 度夹角，重心落于前脚掌上。

站累时，男子可微微分开双脚，但不可超过肩宽；女子可让一脚后撤半步，但上体须始终保持正直（如图）。

三、女性在舞台上或单独在公众场合时,可用 T 字步站姿

(一)头位要求同训练站姿要领

(二)上身要求同训练站姿要领

(三)腿位与脚位

1. 右脚(或左脚)后撤半步(如图)。

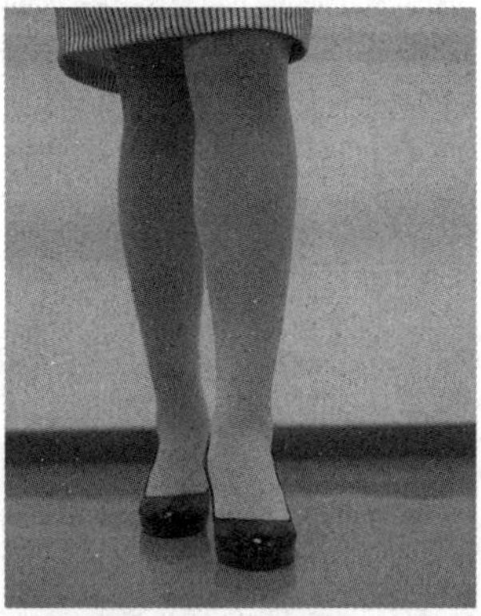

2. 将左脚(或右脚)收回,与后撤脚垂直成“T”字,左脚跟(或右脚跟)在后撤脚跟前方,两脚间可留少许空间(如图)。

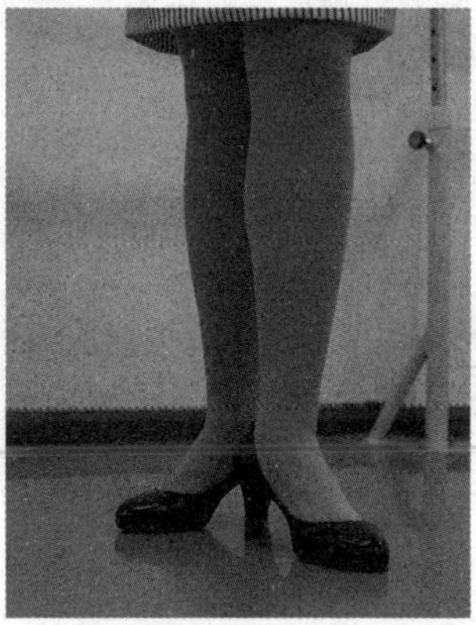

3. 重心放于后撤的脚上。

四、公共场合错误的站姿

(一)两腿左右交叉站姿

这种姿态不够庄重,过于随意(如图)。

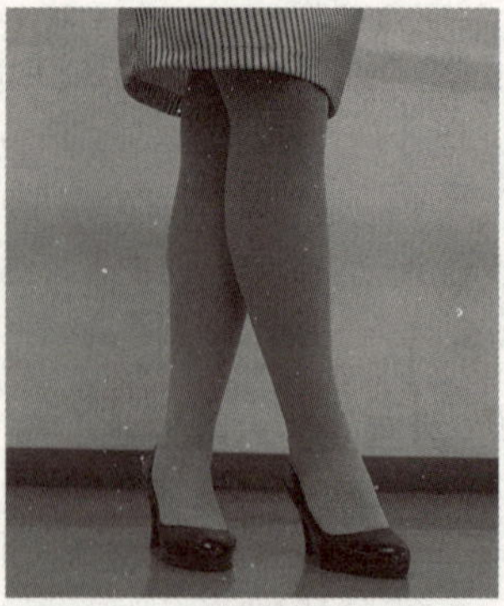

（二）双手或单手叉腰站姿

这种姿态有进犯或性侵犯、挑逗之嫌（如图）。

（三）双臂交叉抱于胸前站姿

这种姿态显得消极或表示防御、抗议（如图）。

（四）站立时身体不时抖动或晃动

这种姿态给人缺乏教养的感觉（如图）。

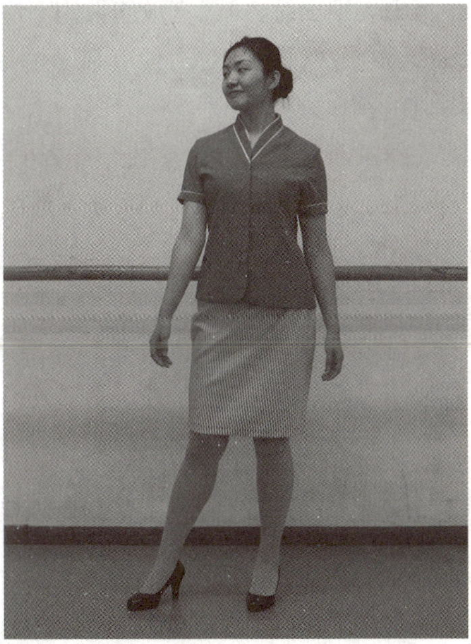

（五）站立时双手置于衣袋或裤袋中

这种姿态显得小气、不大方、不严肃（如图）。

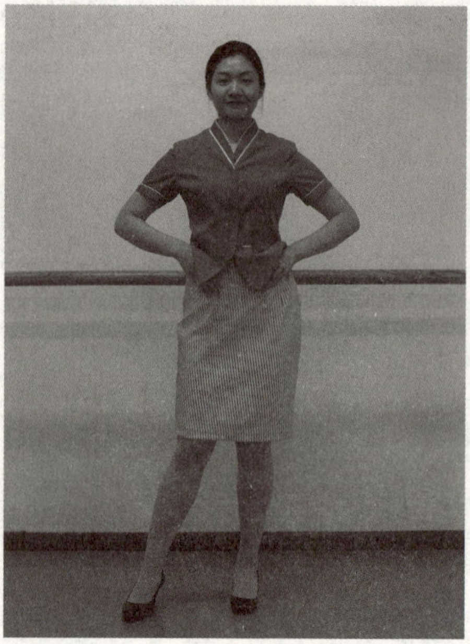

五、爱索韵律体操

爱索韵律体操是一种精力集中训练方式，它最先被用于潜水艇里船员的训练。这一体操总共有五个步骤，每天做一次，持之以恒，便有显著的效果，并可以对下肢的力度和柔韧性起到促进作用，有利于站姿的矫正。

该体操每一个步骤的动作只需 6 至 12 秒，总共有五个步骤

(一)首先，准备一根牢固的绳子，如跳绳。然后身体坐正，双手握紧绳子的两头，将绳子置于双脚间，用力往腹部方向拉(如图)。

(二)大腿的动作

在双手用力拉绳子的时候，可以将双腿膝盖弯曲，也可以将双腿分开来进行(如图)。

（三）臀部的动作

首先，将绳子绑于柱子上形成一个绳圈，然后把双脚套在绳圈内，身子向下，膝盖弯曲，上身要尽可能向前伸。

（四）腹部的动作

首先，将身体站直，双手握紧绳子两头，脚踩绳子，然后双腿做蹲屈的动作（如图）。

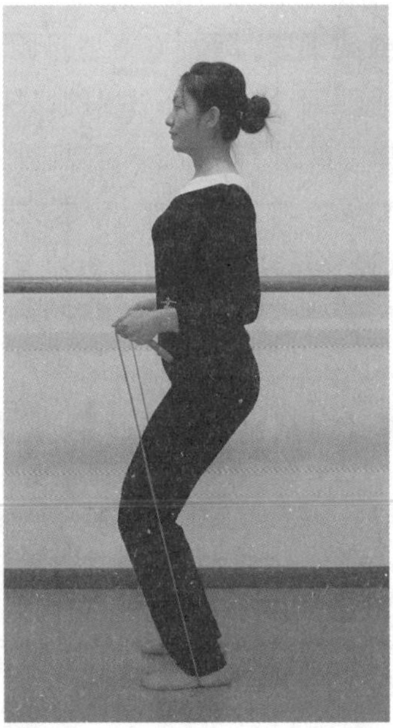

（五）背部的动作

首先，平躺于地面，双手交叉放于脑后，膝盖不可以弯曲，然后做仰卧起坐（如图）。

此种体操的运动量较大，长时间做这种运动，不仅可以增加体力，还可以锻炼肌肉的力量。做体操时，每一个动作需要做 6 到 12 次。如果有足够的力气，可做 12 次以上。在做完 12 次后，要休息一下。

第二节　坐姿的要领及训练

从优雅的坐姿中可以看出一个人的自信和良好的修养，同时也可以看出一个人的端庄风范。平时，我们也会看到一些不优雅的坐姿，例如不停地抖腿，把腿跷得很高……这实在是让人厌烦。其实，如果想跷腿，也不是完全不可以的，只要注意一下姿态就好。例如，女士想跷腿，双腿要并拢，如果穿的裙子较短，一定要遮严；如果经常需要走路或者上下楼走动，建议不要穿太短的裙子。对于男士来讲，坐的时候膝盖可以稍微分开，但不得超过肩膀宽度，千万不要双腿分开，半躺在椅子上。

一、入座时的基本要求

(1)于座位左侧落座。如果可以的话，落座时从座椅的左侧靠近，这样不仅显得礼貌，而且也方便入座(如图)。

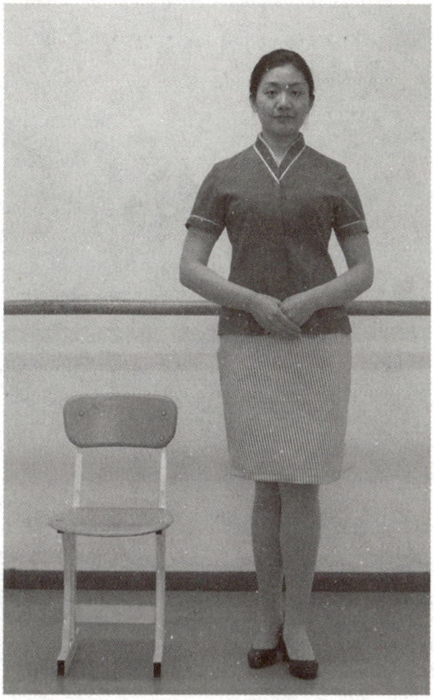

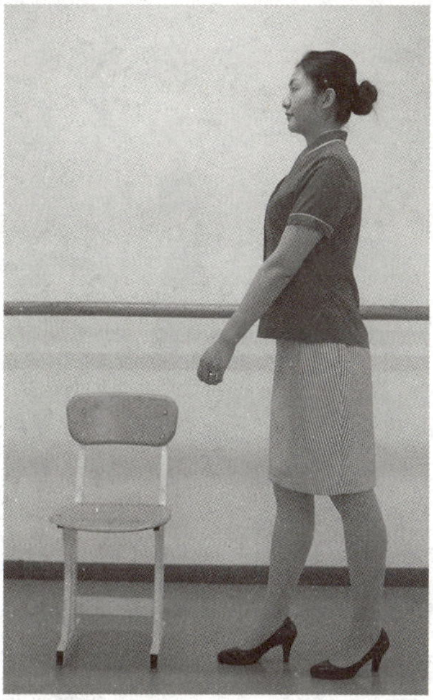

(2)在其他人落座之后再落座。和客人同时落座时,要根据长幼顺序落座。自己不可抢先落座。

(3)安静地落座。落座时动作要轻,不要拖动座椅,并要轻轻坐下。

(4)向周围的人致意。落座时,当遇到熟人,应该向他主动打招呼。对于不认识的人,也应该保持微笑,点头示意。在公共场合,当看到别人旁边有空座,需要征得对方同意才可落座。

(5)背对座椅。当你先落座时,应背对自己的座位,以免背对对方。最恰当的做法是,首先侧身走近座位,背对站立,右腿后退半步,用小腿确定一下座椅位置,然后坐下。女士落座时要一手扶座椅把手,一手扶裙。

二、离座的注意事项

(1)事先说明。当准备离开座位时,应用语言或动作告诉身边的人,然后再起身离座。

(2)注意离座先后顺序。与别人同时离座,应让他人先离开。职位低的后离座;如果职位相似,可以同时离座。

(3)缓慢起身。起身离座时,动作要轻缓,尽量不弄响座椅或把椅垫、椅罩弄到地上,做到不"拖泥带水"。

(4)左侧离座。起身离座时,应从左侧离开。与"左入"相同,"左出"也是一种礼节。

(5)动作规范:左脚退后半步,小腿轻靠椅子,女士单手或双手轻轻拂裙,重心前移起立(如图)。

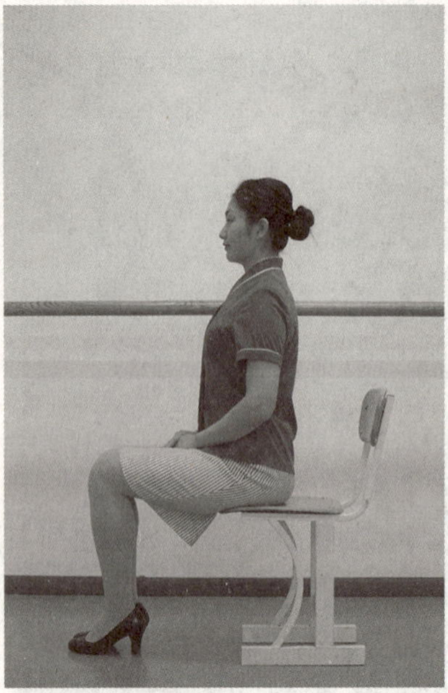
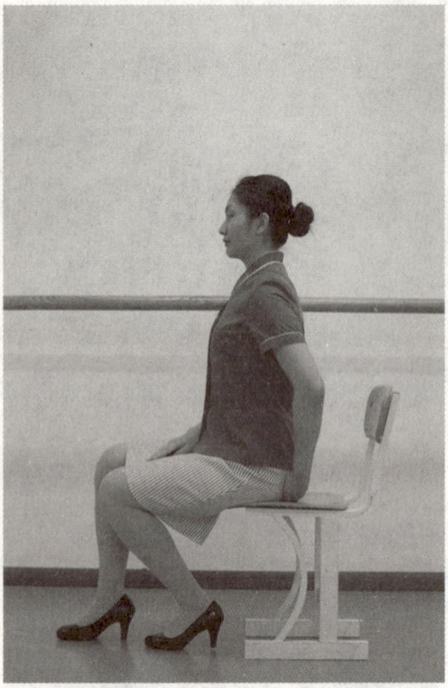
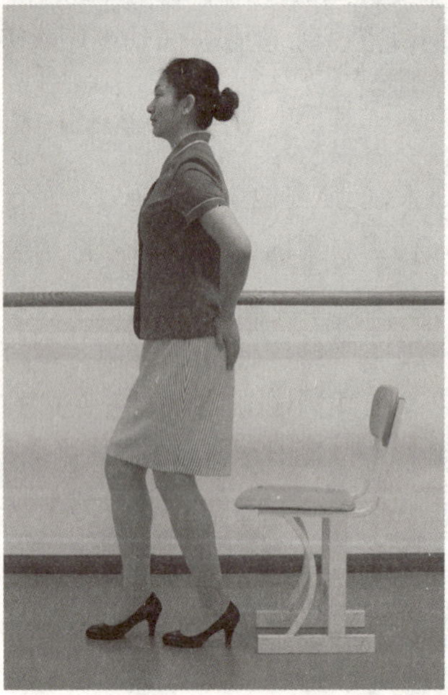
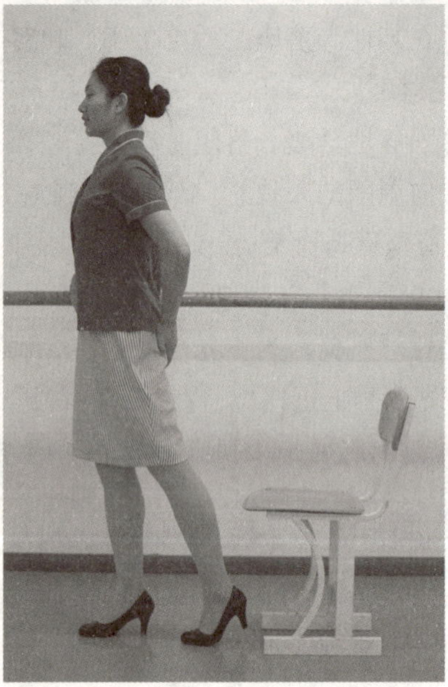

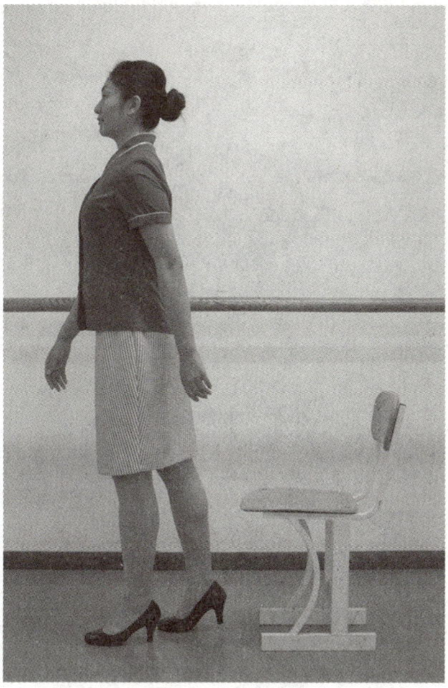

三、下肢的动作

(1)标准式坐姿坐下后,下肢大部分都在别人的视线内。无论是从良好的形象还是从优雅舒适的角度来说,上半身与大腿、大腿与小腿之间都应是直角,小腿垂直于地面。双膝、双腿,包括两脚的脚跟,都需要完全并拢;双手重叠,放于大腿上(如图)。

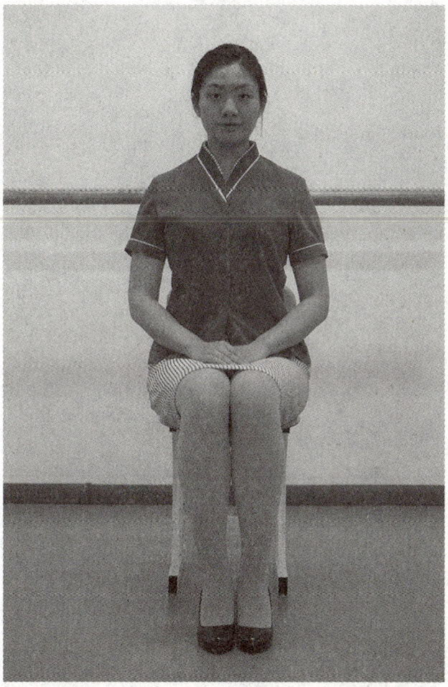

(2)前伸后屈式。这是适用于女士的一种坐姿。要求:大腿并紧后,向前伸出一条腿,并将另一条腿屈后,两脚脚掌着地(如图)。

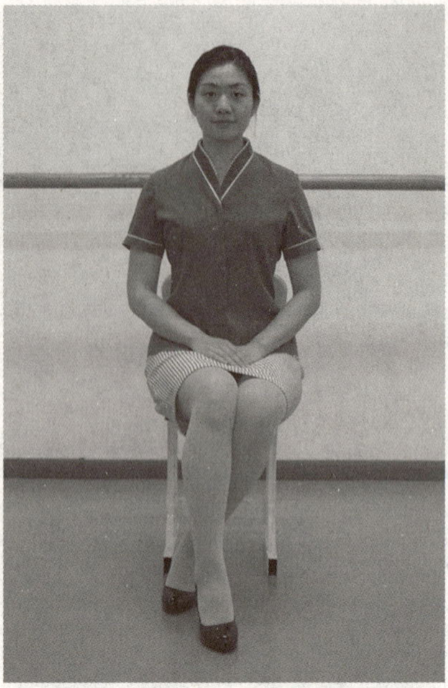

(3)双腿叠放式。这种坐姿适合穿短裙的女士。要求:将两腿一上一下交叠,交叠后的双腿间不应存有缝隙,好似一条直线。双脚斜放在一侧,如右脚在下,就向右侧倾斜。斜放后的腿部与地面之间的角度应为45°,叠放在上面的脚的脚尖垂向地面(如图)。

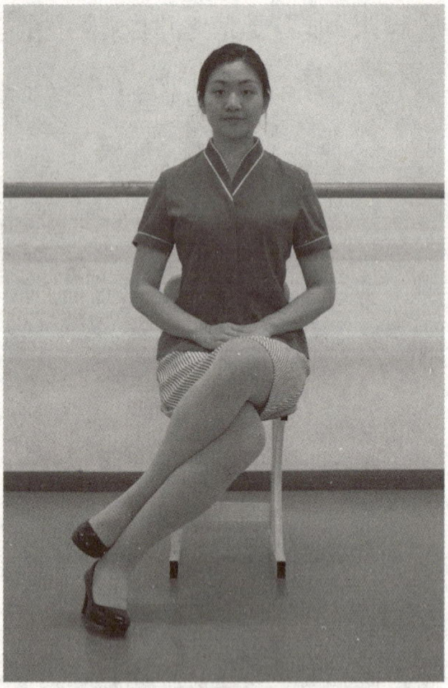

(4)双腿斜放式。这种姿势适合穿短裙的女士坐在较低的位置时使用。要求:双腿并拢,然后双膝向一侧倾斜,力求使斜放后的腿部与地面之间呈45度(如图)。

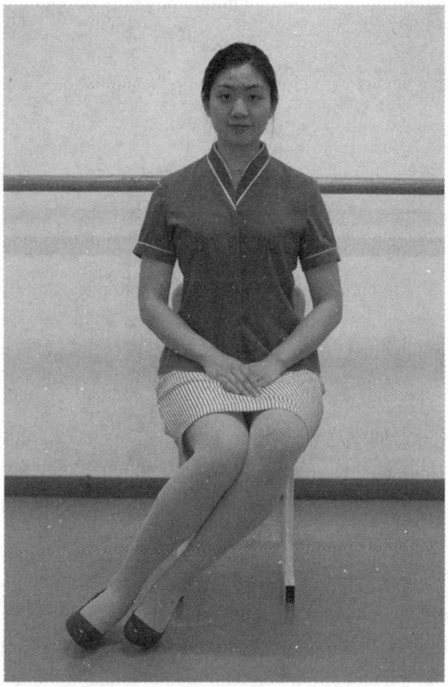

（5）单勾脚式。这种姿势适合穿短裙的女士。要求：双膝先要并拢正对前方，右脚向右侧倾斜 45 度，大脚趾内侧触地；左脚勾在右脚的脚踝处，双腿向倾斜脚的一方倾斜，同时腿部与地面呈 45 度（如图）。

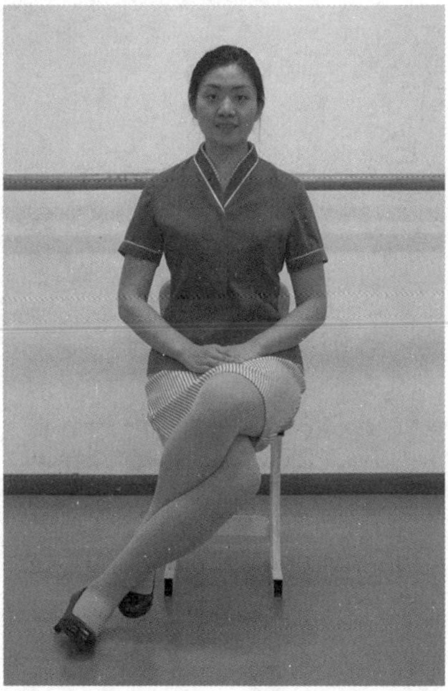

（6）男士正坐式。这种姿势适用于正规的场合。要求：上身与大腿、大腿与小腿之间，都呈直角，小腿与地面垂直。双手放在双膝上（如图）。

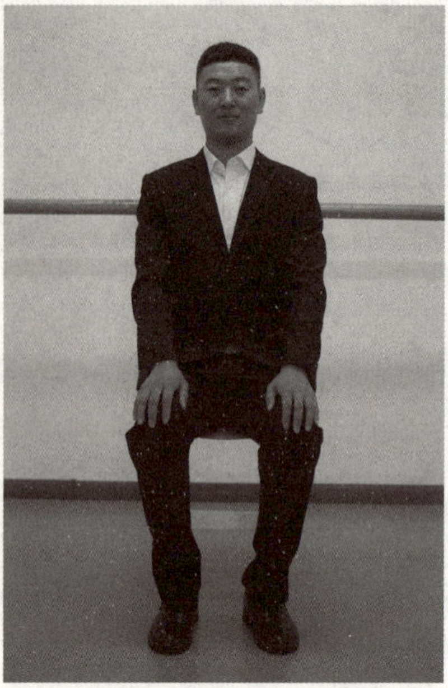

（7）垂腿开膝式。男士使用，用于正规场合。要求：两腿分开，与肩膀同宽。看起来轻松自然。两脚平放于地面，大腿与小腿之间呈直角，双手以半握拳的方式轻放于腿上或是轻轻地搭在椅子的扶手上（如图）。

（8）前升后驱式。为男士所用。要求：两腿略分开，与肩膀同宽，看起来不至于太过拘束。以右脚在前为例：右腿与地面平行，大腿与小腿之间呈 90°，左脚略微后收，双手以半握拳的方式轻放于腿上，或者轻轻地搭在椅子的扶手上（如图）。

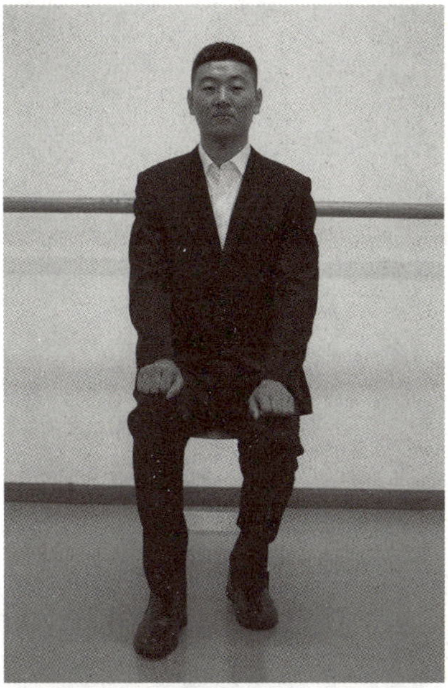

(9)男士叠放式。要求:左腿与地面保持垂直,右腿叠放在左腿上,小腿有意识地收住,注意一定不要翘起,更不能摇晃(如图)。

四、上身的姿势

(一)头部位置需端正

不要出现低头、扭头、仰头等动作,头部应与上身呈一条直线,与地面垂直。在办公时可以低头看桌上的文件、物品,但在回答别人问题时,需抬起头来,不然会给人以高冷不敬的感觉;在和别人交谈时,可以看向正前方,也可以面部侧对对方,但不可以不看对方,更不能背对着对方。

(二)身体需直立

坐下后身体也要端端正正(如图),需注意:

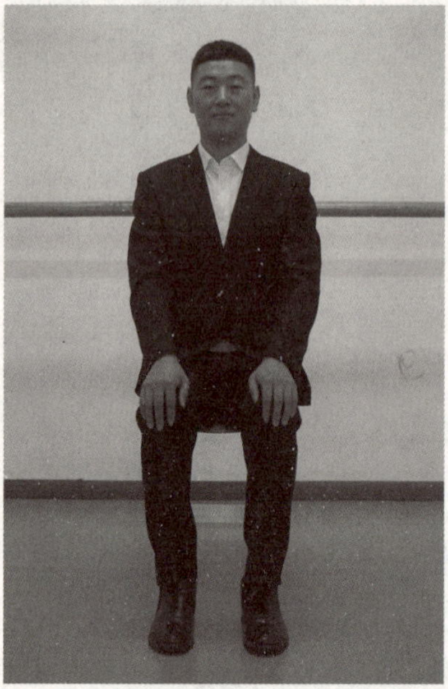

(1)椅背的倚靠。倚靠主要是为了休息。有时因工作需要而落座时,不能把上身全部倚靠到椅背上(如图)。

(2)椅面的占用。在上级、长辈面前,不要把椅面坐满,应坐在椅面的2/3处最为恰当(如图)。

(3)身体的朝向。交谈的时候,为表示尊重,我们应面向对方,并且将整个上身朝向对方(如图)。

(三)手臂的摆放

入座后手臂有五种摆放的正确姿势。

(1)双手平放在大腿上(如图),或者将双手叠放后放在大腿上,也可以将双手轻握后平放在大腿上。

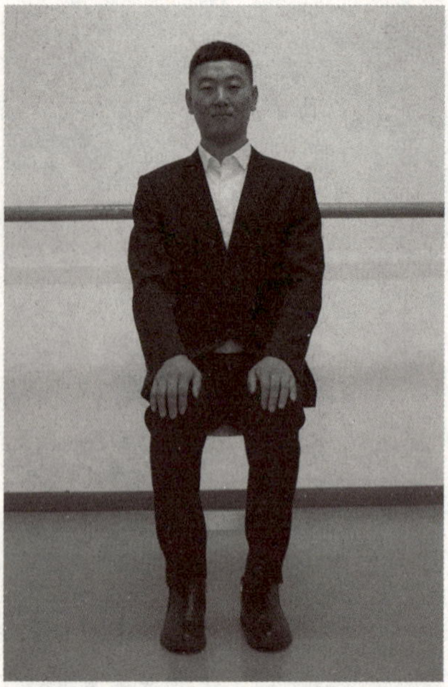

(2)侧身与人交谈时,通常要将双手叠放或将双手相握放在自己所侧身方向的那条大腿上(如图)。

(3)放在皮包文件上。当穿短裙的女士对面坐的是男士时,身前可能没有遮挡的东西,为了避免"走光",我们可以将自己随身携带的皮包或文件放在大腿上,之后,可以把双手或握或叠着放在皮包或文件上面(如图)。

(4)放在身前桌子上。把双手放在桌子的边缘,也可以双手相握放在桌上,也可把手叠放在桌上(如图)。

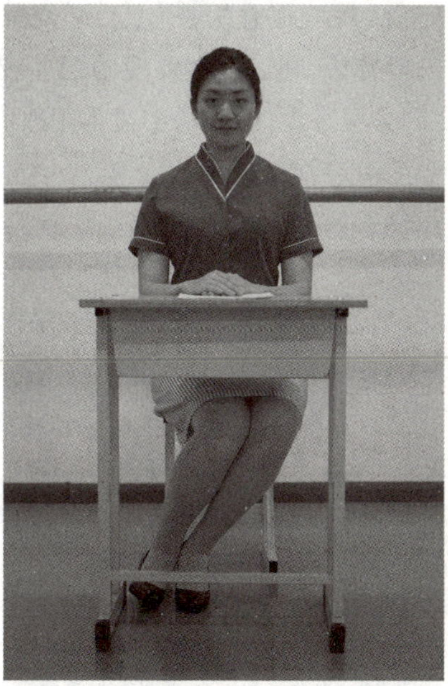

(5)放在椅子扶手上。当正身而坐时,我们应把双手放在椅子两侧扶手上;当侧身而坐时,我们应把双手相握或叠放后,放在一侧的椅子扶手上。

五、坐姿的禁忌

在他人面前落座时,应当遵守敬人律己的基本规则,并且注意一定不要出现以下问题。

(1)双腿分开过大。如果双腿分开过大的话,不论是小腿分开或大腿分开都十分不雅(如图)。尤其是身着裙装的女士,更加不可忽略这一点。

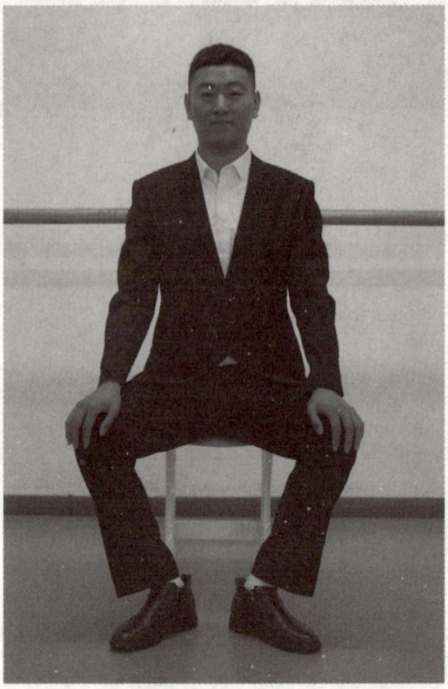

(2)架腿方式欠妥。入座后将双腿叠架在一起,必须采用正确的方式,才可以采用这种坐姿。应当将两条大腿叠架,并且一定要使两腿并拢,不应当把一条小腿架在另一条大腿上,这样两腿之间会有很大的空隙,会显得很放肆(如图)。

(3)腿向外过度直伸。这样伸出腿既会妨碍他人走路,也十分不雅观,身前如果有桌子,双腿尽量不要伸出到桌前来(如图)。

(4)将腿放在桌椅上。有人为了舒服、放松,喜欢将双腿架在高处,更有甚者抬到身前的桌子上或椅子上(如图)。这种行为是粗鲁的,会降低人的素质。另外,双腿盘坐在座椅上,也十分不妥。

(5)抖腿。在他人面前入座后,反反复复地抖动或摇晃自己的双腿,不仅会给人一种极不稳重的印象,而且会让他人感到心烦意乱(如图)。

(6)翘脚尖指向他人。不管入座者采用哪一种坐姿,都不应将本人的脚尖指向他人,这是一种非常失礼的行为(如图)。

(7)脚蹬踏物品。入座后,双脚应当放于地面上,如果脚下乱蹬乱踩,会让人有不被尊重的感觉,这是非常失礼的(如图)。

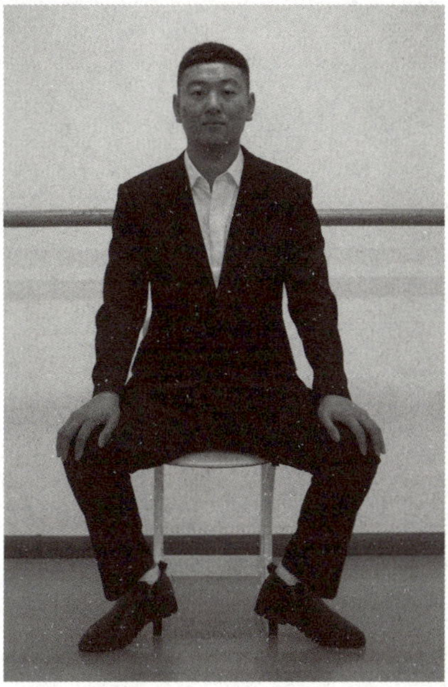

（8）用手脱鞋袜。在外人面前就座时，用手脱鞋袜，这种行为显然是非常粗鲁、不文明的（如图）。

（9）手触摸脚部。在就座以后不应该用手抚摸小腿或脚部，这些动作都显得既不卫生又不雅观（如图）。

(10)手乱放。就座后双手应当放在身前,有桌时双手放在桌上。单手、双手放在桌下,双肘支在身前的桌上,或将双手夹在两腿之间都是不雅的坐姿(如图)。

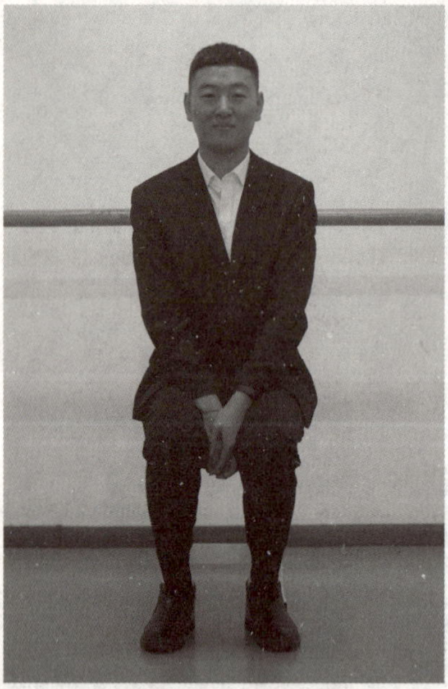

(11)双手抱腿。双手抱腿坐虽然是一种放松、惬意的休息姿势,可是在工作中不应当采用这种坐姿(如图)。

(12)上身向前趴伏。入座后上身趴伏在桌子上或大腿上,这种姿势只可以在休息、放松时采用,但不要在工作中出现这种姿势(如图)。

六、坐姿的训练方法

由尾椎向上伸展,肩部向后、向下展开,下颌和颈部成直角。经常练习这个姿势,可以使腹部、胸部、背部和颈部的肌肉结实而不松弛。

要让自己的坐姿优雅自然,就要通过镜子对照来不断地矫正,才能在不经意间流露出优雅的气质和高雅的风度。

第三节　走姿的要领及训练

优美的走姿是一种动态美，它能直接反映出一个人的精神面貌、性格特点、精神气质等。优美的走姿洋溢着青春的活力，富有个性的魅力，就像春风拂面，让人备感惬意。所以，走姿在各种社会环境中尤为重要，走姿应给人以自然、轻盈、敏捷、稳健的感受。所以说，对走姿进行一定的训练，亦是我们培养良好的气质与风度非常重要的环节。

一、正确轻快的走姿

正确的走姿应当注意走路时的节奏与频率等，尤其是在单脚抬起，准备交换重心的那一刻，应当先伸出右脚，脚跟先着地，之后小趾一侧着地，脚尖再着地，脚掌平贴地面。两脚交替行走时，保持平稳的频率，不要一快一慢，更不要时快时慢。呼吸节奏与步行节奏要相协调。

要随时注意养成良好的走路习惯：双目平视，收腹立腰，膝盖伸直，双肩平行放松，双臂自然摆动，走起路来优雅而又轻松。

走路的速度与步幅是因人而异的，如果我们时刻注意自己的站姿与走姿，不久后我们便会有显著的进步。

二、走姿训练要领

走姿训练与我们前面所讲的站姿训练及坐姿训练一样，都是为纠正不良习惯姿态而进行的。

（一）走姿总体要求

走姿总体要求就是应走得轻巧，自如，稳健，大方，有节奏感。

（二）走姿训练细节规范

1. 头位

头部正直，下颌微微向下收，眼睛平视前方约 5 米处，面带微笑（如图）。

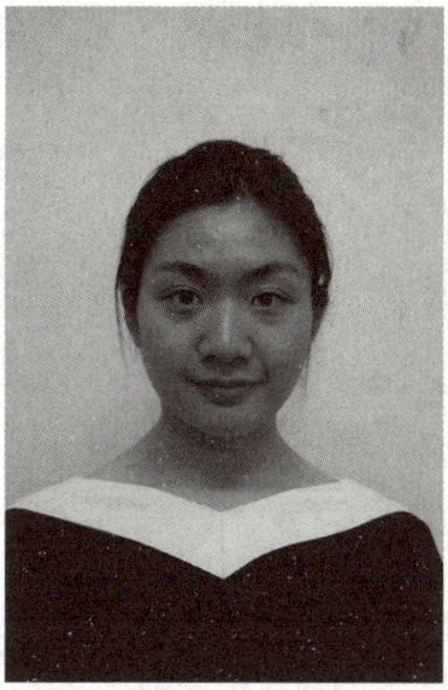

2. 体位

挺胸，腰背直立，提臀收腹，上体微微前倾(如图)。

3. 摆幅

手臂放松，手指自然弯曲，双肩自然下沉，以肩关节为轴，上臂带动着前臂前后交替摆动。双臂摆动的前后幅度不得超过30度(如图)。

4. 步幅

步幅是指双脚每迈出一步，前脚跟与后脚尖的距离。一般步幅的标准为 1～1.5 个脚长（如图）。

5. 步位

步位是指行走时双脚落地的位置。

女子步位要求：行走时两脚内侧着地的轨迹应在一条直线上（如图）。

男子步位要求：行走中两脚内侧着地的轨迹在两条直线上。

6. 步速

一般步速标准为女子每分钟 118～120 步，男子每分钟 108～110 步。

三、几种不同着装走姿要领

“协调即为美”，我们的走姿应依据不同的着装配以相应的步态。

（一）着西装的走姿

西装以直线为主，给人挺拔、庄重、大方之感，因而在步态上亦应以直线为主，身体要挺直，步幅可略大一些。男性着西装通常是在公务场合，行走时应显得庄重，切忌髋部左右摆动（如图）。

(二)着旗袍的走姿

旗袍随身的裁剪可以尽显女性身材的曲线美,展现东方女性柔美、富有曲线的风韵,妩媚、典雅。因而女性在身着旗袍走步时,要求身体挺直、胸和下颌微收。步幅要小一点,髋部则可随重心的变化而略左右摆动。

(三)着短一步裙的走姿

短一步裙是多数女性工作时的常规装,行走时应表现女性端庄、敏捷、干净、利落、能干、高效的特点。所以此时走姿要注重保持平稳,步幅要小一点,步速可稍快一点,双臂的摆幅也要小一点(如图)。

(四)穿高跟鞋的走姿

穿高跟鞋时身体的重心随之移到前脚掌上。行走时,从头到脚都应给人挺拔的感觉。所以穿高跟鞋行走时要将踝关节、膝关节、髋关节挺直,挺胸收腹,立腰提臀。步位称为柳叶步,即两脚跟前后踩在一条直线上,脚尖略外展,走出来的脚印像柳叶一样。

四、日常生活中应避免的不良走姿

(一)步幅大小不适度

行走时,步子太大显得鲁莽、不雅观;步子太小显得不大方(如图)。

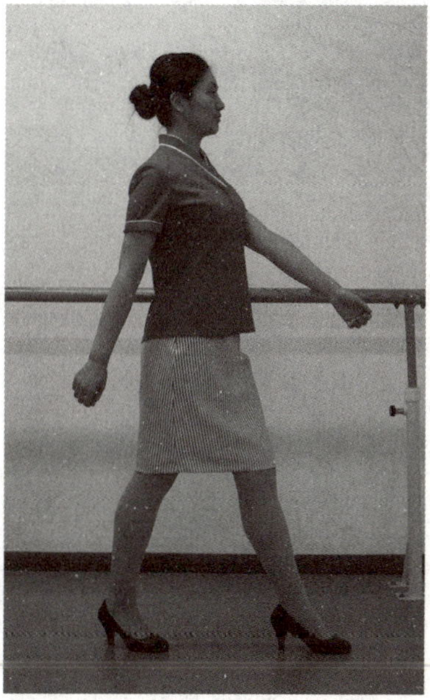

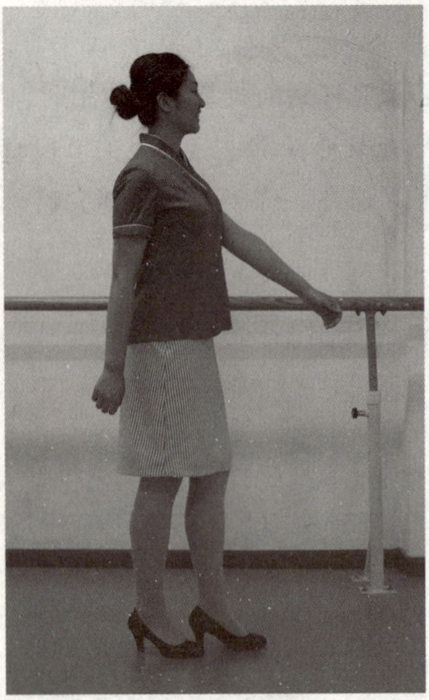

(二)上肢配合动作不合适

行走时,双手插入裤袋,显得拘谨小气;双手反背于背后,显得呆板、傲慢(如图)。

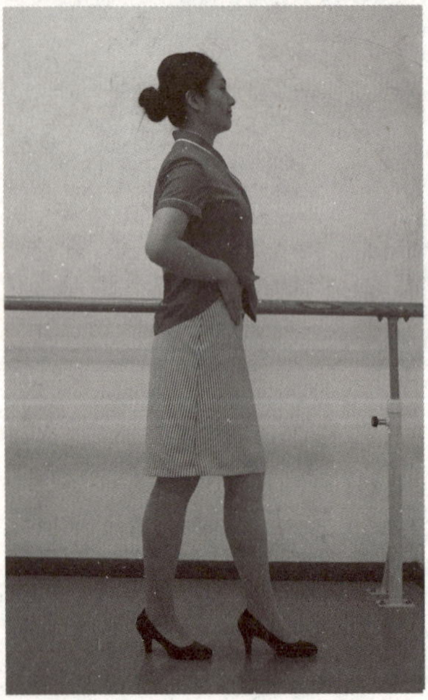

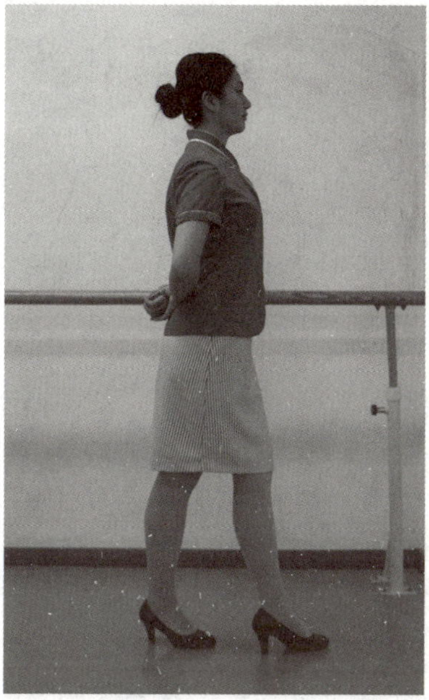

(三)行走姿态不稳重

行走时,上体晃动或摆动,易给人轻佻、浮夸的感觉(如图)。

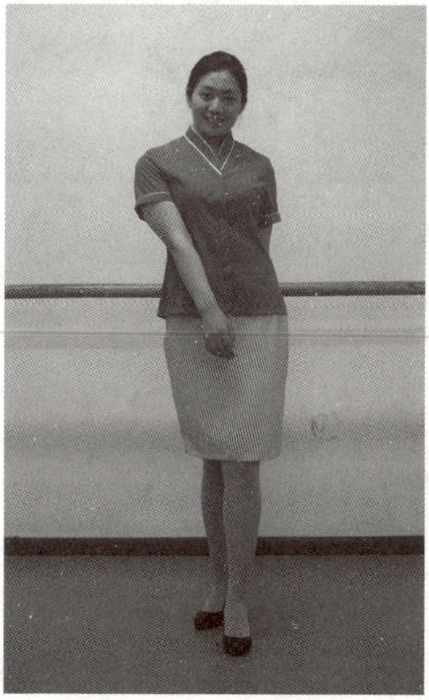

(四)行走步位不标准

行走中,尤其要避免"内八字"或"外八字"步位,这种姿态不仅难看,而且有损形象(如图)。

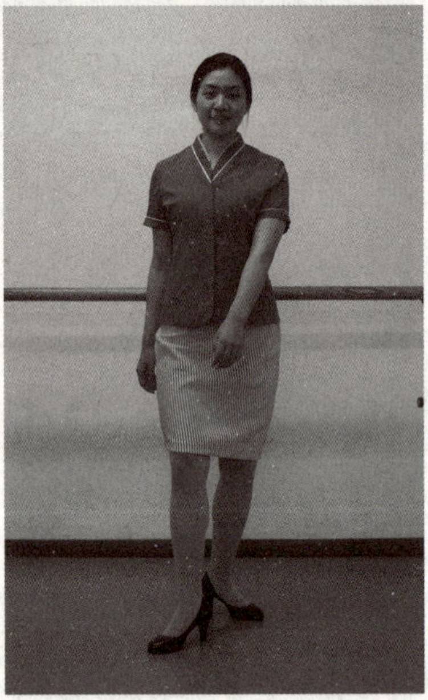

第四节 蹲姿的要领及训练

一、蹲姿的基本要领

正确的方法是弯下膝盖，两个膝盖应该并起来，不能分开，臀部向下，上体保持直线，这样的蹲姿更典雅优美（如图）。

二、蹲下取物的基本要求

站在所取物品的旁边，屈膝蹲下去拿，不可弓背、驼背，也不要完全低头，下巴微收，侧头即可。掌握好身体的重心，臀部向下（如图）。

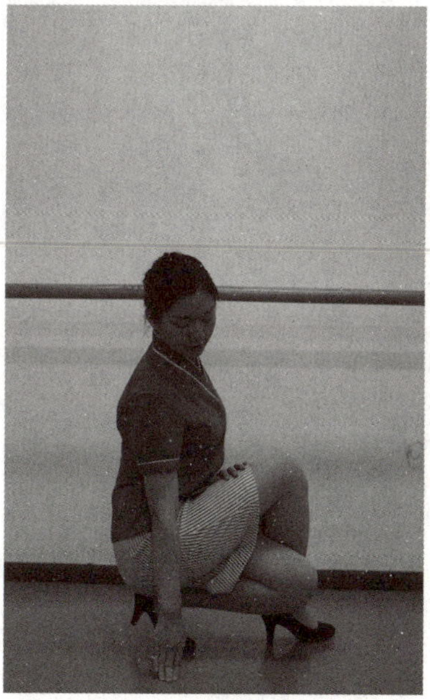

三、蹲的姿态

（一）高低式蹲姿

下蹲时双膝靠近。左脚在前，右脚稍后（不重叠），双腿靠紧下蹲。前脚全脚着地，小腿基本垂直于地面，后脚脚掌着地，脚后跟抬起。右腿膝盖低于左腿膝盖，右膝内侧靠于左小腿内侧，臀部向下，基本上以右腿支撑身体。双手手指重叠，轻压在裙口遮挡(如图)。男士选用这种蹲姿时，双腿之间可有适当距离。

(二)交叉式蹲姿

下蹲时右脚在前，左脚在后，右小腿基本垂直于地面，全脚着地。左脚在后与右脚交叉重叠，左膝由后面伸向右侧，左脚跟抬起，脚掌着地。双腿前后靠紧，合力支撑身体。臀部向下，上身劲量挺直。双手重叠放于胯根(如图)。

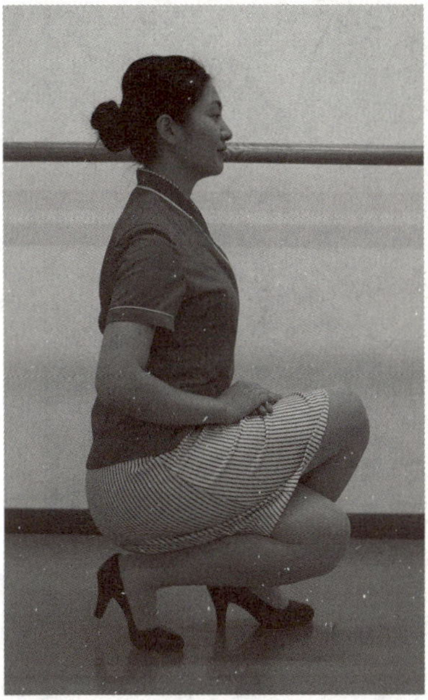

四、蹲姿的禁忌

在蹲时不可弯腰驼背，臀部向后撅起，双腿双膝叉开，这样非常不雅，对腰也有伤害。

第五节　礼仪组合规范训练

一、迎、送客服务规范

（一）站姿

双腿并拢，身体与舱门呈45°夹角。

（二）眼睛

面带微笑，目视客人的眼睛（如图）。

(三)鞠躬

15°鞠躬并向客人问好(如图)。

（四）手势

五指并拢，手势明确（如图）。

（五）语言

欢迎登机，请往里走。

二、介绍和表演应急设备规范

（一）规范

在介绍和表演应急设备时，乘务员应面向乘客站立在过道中，面带微笑，目视前方，表情自然大方，仪态端庄。

（二）站位

SSl：广播。

SS2：站在头等舱第 1 排。

SS3：站在经济舱第 6 排。

SS4：经济舱第 12 排。

SS5：经济舱第 18 排。

SS6：经济舱第 24 排。

三、书、报、杂志服务

（一）拿法

将报纸折叠好，相同的报纸摞在一起，报纸刊头向外，刊头从左到右按照由大到小的顺序进行摆放。杂志要每本分开排列成扇形。乘务员左手四个手指并排托底，大拇指卡边，右手扶住报纸或杂志的右上角（如图）。

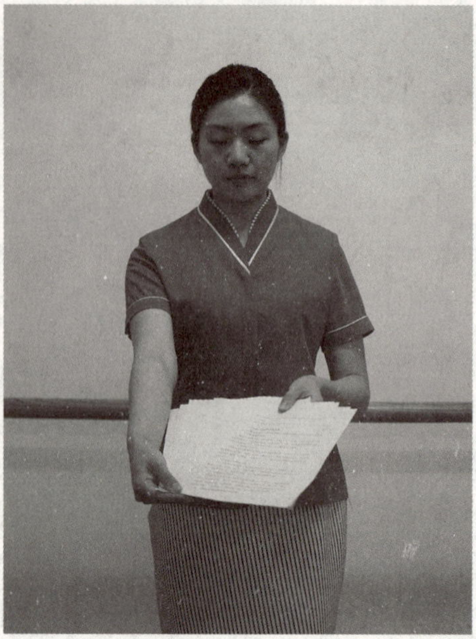

（二）送给旅客时

中间和里面的报纸杂志用右手的拇指和食指捏住一边，沿着边缘至上角，翻手掌抽出。当送到旅客面前时，我们应拇指在上，其余四指在下，刊头在上，正对客人。乘务员45°对准旅客，要注意与旅客有眼神交流（如图）。

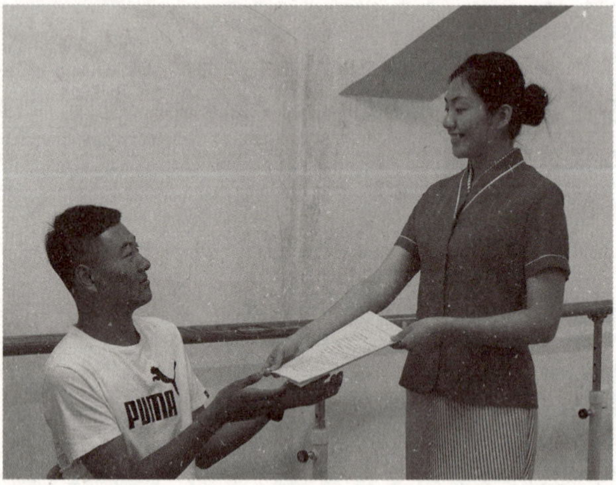

（三）语言

先生（女士），您好，今天的航班为您配备了××报，请问您需要哪一种？请问需要帮您打开阅读灯吗？

四、托盘的使用规范

（1）手拿空托盘时，右手应竖着拿，盘面朝向身体，自然地垂直于身体一侧。虎口紧握住托盘边缘，其余四指并拢，卡住托盘盘底。

（2）双手端托盘时，托盘应竖着端，大小臂呈90°夹角，端托盘的后半部分，手应放在托盘的后三分之一处，四指并拢并托住托盘的底部，拇指放在托盘的外沿。

（3）端托盘在客舱内转身时，身体转，托盘不转。

五、发送物品规范

送物品的动作要求：递送物品时应当按照从前至后，先里后外，先左后右，先女士后男士；左边的客人应当用右手递送，右边的客人应用左手递送。

1. 拿物品规范

（1）拿杯子、酒瓶等物品时，手应放在其下三分之一处，无名指和小指托住杯底，其余三个手指应握在杯身下三分之一处（如图）。

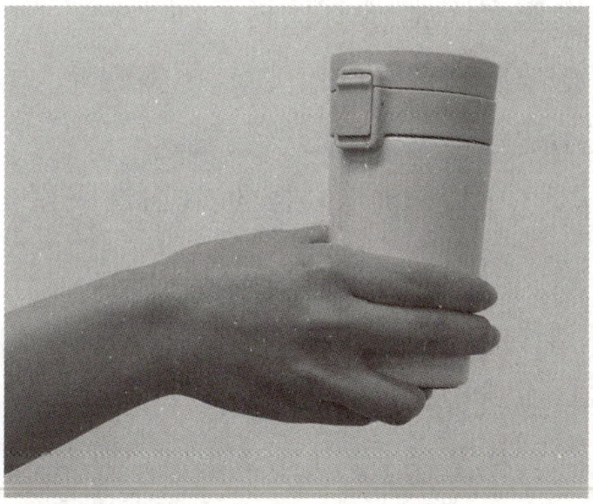

（2）拿酒瓶时，拇指应张开，其余四指并拢，握在瓶身下三分之一处。

2. 为头等舱旅客送物品

（1）用大托盘送物品时，物品摆放整齐美观，航徽或标记正对客人。

（2）为每位客人送物品时，都要多留出一份，以免客人多要一份。

3. 送小吃规范

（1）小吃放在筐内或小托盘上，包装物的字迹正对着客人。

（2）拇指不能进入筐内或盘内，送与客人或自取皆可。

六、收物品规范

收物品的原则：收物品时，应当按照从前至后，先外后里，先左后右顺序。

1. 收杯子

（1）使用托盘，在托盘内铺好托盘垫纸。

(2)在托盘内将杯子由里向外整齐摆放,可叠放,每摞数量不超过5个。

2. 收餐盘

(1)用服务车时,应在服务车的顶部摆放两个大托盘,托盘内铺好托盘垫纸。

(2)用过的餐盘按照从上往下的顺序逐格摆放入服务车内。

七、推拉餐车的规范

1. 推餐车

五指并拢,扶在餐车上方两侧,推动餐车向前走。

2. 拉餐车

双手握拳,拇指不外露,放在车上方的凹槽内,向后退。

八、饮料服务规范

1. 饮料摆放

(1)用大托盘时,每盘至多摆放15杯饮料。

(2)用餐车时,饮料摆放要安全、方便、美观,标签朝外。

(3)杯子倒扣,高度不超过车上最高的饮料瓶。

(4)大桶饮料放在水车中间,小桶饮料摆放在四周,采用交叉摆放原则。

2. 倒饮料规范

(1)为成年人倒饮料时,应当倒至杯子的七成满。

(2)带汽的酒或饮料,应当将杯子倾斜45°后,再将饮品倒入杯中。

(3)为小旅客倒饮料时,倒至杯子的五成满。

3. 送饮料规范

(1)主动向旅客介绍饮料种类,询问客人需要何种饮料。

(2)询问旅客饮料是否需要加冰。

4. 托盘送热饮规范

(1)热饮壶应放于托盘上送去,杯子倒扣于小托盘的左上角。

(2)乘务员应用双手端送托盘,边走边询问两侧旅客是否需要热饮。

(3)用左手端托盘,右手拿起一只杯子放于托盘的右上角处,然后用右手拿壶,倒好饮料后,再送给旅客。

九、餐食服务规范

1. 餐车服务规范

(1)餐车门应当在厨房内打开。

(2)餐车在客舱内停放时应当注意随时踩好脚刹车。

(3)人不可离开餐车。

2. 送餐规范

(1)先主动向旅客介绍本次航班提供的餐食种类,再询问客人需要何种餐食。

(2)餐盘从餐车中抽取出来时应当依照从下至上的顺序。

(3)餐盘放在小桌板的正中央,热食要摆放在小桌板上靠近客人的一侧。

参考文献

[1]北京舞蹈学院附属中等舞蹈学校. 中国古典舞[M]. 北京: 文化艺术出版社,2004.

[2]夏思永. 形体训练[M]. 重庆: 西南师范大学出版社,1999.

[3]人民音乐出版社舞蹈组. 舞蹈的基本训练[M]. 北京: 人民音乐出版社,1988.

[4]曲宗湖. 青少年学生形体教育[M]. 北京: 人民体育出版社,2002.

[5]李诗娴. 优雅气质[M]. 呼和浩特: 内蒙古人民出版社,2003.

[6]李文川. 空乘形体训练[M]. 北京:中国民航出版社,2016.

[7]田培培. 形体训练与舞蹈编导基础[M]. 上海: 上海音乐出版社,2008.

[8]全国体育学院教材委员会. 艺术体操[M]. 北京: 人民体育出版社,1991.

[9]樊莲香,阿理,汤海燕. 形体与形象塑造[M]. 广州:中山大学出版社,2004.

[10]郭可愚. 形体美[M]. 北京:人民体育出版社,2002.

[11]国家体育总局,普通人群体育锻炼标准研制组. 普通人群体育锻炼标准[M]. 北京:高等教育出版社,2003.

[12]吕红斌,王嘉芙,胡建中. 科学健身法[M]. 北京:人民卫生出版社,2000.

[13]王锦芳. 形体舞蹈[M]. 杭州:浙江大学出版社,2006.

[14]杨斌. 形体训练纲论[M]. 北京:北京体育大学出版社,2002.

[15]张国荣,余美玉. 大学生舞蹈教学指导[M]. 上海:上海音乐出版社,1998.

[16]张岚. 形体训练[M]. 北京:旅游教育出版社,2004.

[17]张瑞林,黄晓明. 健身健美[M]. 北京:高等教育出版社,2005.

[18]金千秋. 舞蹈:气质与形体的塑造[M]. 北京: 中国纺织出版社,1999.

[19]吴玮. 形体训练[M]. 大连:东北财经大学出版社,2001.

[20]赵文红. 对高校开设女子健身训练课之研究[J]. 辽宁体育科技,2002,24(3):45.

[21]张红霞,李凤新. 高校学生主流健身项目精选[M]. 北京:人民体育出版社,2010.